Lições de
Direito Constitucional
— **CONTROLE DE CONSTITUCIONALIDADE** —

Conselho Editorial

André Luís Callegari
Carlos Alberto Molinaro
César Landa Arroyo
Daniel Francisco Mitidiero
Darci Guimarães Ribeiro
Draiton Gonzaga de Souza
Elaine Harzheim Macedo
Eugênio Facchini Neto
Gabrielle Bezerra Sales Sarlet
Giovani Agostini Saavedra
Ingo Wolfgang Sarlet
José Antonio Montilla Martos
Jose Luiz Bolzan de Morais
José Maria Porras Ramirez
José Maria Rosa Tesheiner
Leandro Paulsen
Lenio Luiz Streck
Miguel Àngel Presno Linera
Paulo Antônio Caliendo Velloso da Silveira
Paulo Mota Pinto

Dados Internacionais de Catalogação na Publicação (CIP)

S2811   Scalabrin, Felipe.
        Lições de direito constitucional : controle de constitucionalidade : de acordo com a emenda constitucional n° 96/2017 / Felipe Scalabrin, Gustavo Santanna. – Porto Alegre : Livraria do Advogado, 2018.
        112 p. ; 23 cm.
        Inclui bibliografia.
        ISBN 978-85-9590-006-6

        1. Direito constitucional. 2. Constitucionalidade. I. Santanna, Gustavo. II. Título.

CDU 342(81)
CDD 342.81

Índice para catálogo sistemático:
1. Direito constitucional   342(81)

(Bibliotecária responsável: Sabrina Leal Araujo – CRB 10/1507)

Felipe Scalabrin
Gustavo Santanna

Lições de Direito Constitucional
— CONTROLE DE CONSTITUCIONALIDADE —

De acordo com a
Emenda Constitucional nº 96/2017

Porto Alegre, 2018

© Felipe Scalabrin
Gustavo Santanna
2018

(Edição finalizada em agosto/2017)

Projeto gráfico e diagramação
Livraria do Advogado Editora

Revisão
Rosane Marques Borba

Direitos desta edição reservados por
Livraria do Advogado Editora Ltda.
Rua Riachuelo, 1300
90010-273 Porto Alegre RS
Fone: 0800-51-7522
editora@livrariadoadvogado.com.br
www.doadvogado.com.br

Impresso no Brasil / Printed in Brazil

Sumário

Apresentação 9
Capítulo 1 – Considerações iniciais 11
    1. Introdução 11
    2. Conceito de Constituição 12
    3. Força normativa da Constituição 14
    4. Supremacia da Constituição 15
Capítulo 2 – Controle de constitucionalidade: noções gerais 19
    1. Conceito 19
    2. Pressupostos 21
    3. Função 21
    4. Objeto 22
    5. Sistemas 26
    6. Modelos 27
Capítulo 3 – Antecedentes históricos no Brasil 31
    1. Constituição de 1824 31
    2. Constituição de 1891 31
    3. Constituição de 1934 31
    4. Constituição de 1937 32
    5. Constituição de 1946 32
    6. Constituição de 1967/69 33
    7. Constituição de 1988 33
Capítulo 4 – Controle difuso de constitucionalidade brasileiro 34
    1. Conceito 34
    2. Finalidade 35
    3. Legitimidade 35
    4. Competência 36
    5. Instrumentos 39
    6. Efeitos (da decisão) 39

Capítulo 5 – Controle concentrado de constitucionalidade brasileiro 42
   1. Conceito 42
   2. Finalidade 42
   3. Legitimidade 43
   4. Competência 45
   5. Instrumentos 45
   6. Efeitos (da decisão) 46

Capítulo 6 – Ação direta de inconstitucionalidade 48
   1. Introdução 48
   2. Cabimento (parâmetro e objeto) 48
   3. Legitimidade 53
   4. Procedimento 53
   5. Efeitos (da decisão) 58

Capítulo 7 – Ação declaratória de constitucionalidade 61
   1. Introdução 61
   2. Cabimento 62
   3. Legitimidade 64
   4. Procedimento 64
   5. Efeitos (da decisão) 65

Capítulo 8 – Ação direta de inconstitucionalidade por omissão 67
   1. Introdução 67
   2. Cabimento 67
   3. Legitimidade 69
   4. Procedimento 69
   5. Efeitos (da decisão) 71

Capítulo 9 – Arguição de descumprimento de preceito fundamental 77
   1. Introdução 77
   2. Cabimento 78
   3. Legitimidade 83
   4. Procedimento 83
   5. Efeitos (da decisão) 85

Capítulo 10 – Representação interventiva 86
   1. Introdução 86
   2. Cabimento 87
   3. Legitimidade 88
   4. Procedimento 88
   5. Efeitos (da decisão) 89

Capítulo 11 – Controle de constitucionalidade nos Estados-Membros 91
1. Introdução..91
2. Controle difuso de constitucionalidade...91
3. Controle concentrado de constitucionalidade...91

Capítulo 12 – Mandado de segurança impetrado por parlamentar................94
1. Introdução..94
2. Cabimento..95
3. Legitimidade...98
4. Procedimento..99
5. Efeitos (da decisão)...100

Capítulo 13 – Técnicas decisórias no controle de constitucionalidade............101
1. Declaração de inconstitucionalidade com pronúncia de nulidade.............102
2. Declaração de inconstitucionalidade sem pronúncia de nulidade.............102
3. Declaração de inconstitucionalidade parcial com redução de texto..........103
4. Declaração de inconstitucionalidade parcial sem redução de texto..........104
5. Interpretação conforme à Constituição..105
6. Declaração de constitucionalidade provisória (inconstitucionalidade progressiva)..106
7. Declaração do estado de coisas inconstitucional...................................108

Referências bibliográficas 110

Apresentação

O direito constitucional enquanto disciplina jurídica exige constante reflexão e atualização. Não é tarefa fácil compreender institutos e fenômenos dinâmicos como o constitucionalismo, a aplicabilidade das normas constitucionais e a evolução dos direitos fundamentais – todos de relevância ímpar para uma sociedade centrada na dignidade da pessoa humana. No panorama brasileiro, a dificuldade é intensificada por um texto constitucional analítico e pelo irrestrito acesso ao Poder Judiciário. Assim, proliferam-se múltiplas compreensões acerca de um mesmo instituto e agrava-se a tentativa de tratamento igualitário para o cidadão. Não é diferente com o estudo ora proposto.

O *controle de constitucionalidade*, enquanto instrumento de fiscalização que permite identificar se um ato ou norma é, ou não, contrário à Constituição, é tema que exige redobrada atenção. Trata-se, com efeito, de instituto intimamente relacionado com a *jurisdição constitucional* e que proporciona legítima sindicância de quaisquer atos em face da Constituição Federal. Além disso, o sistema brasileiro – diferente de outros – confere a todos os juízes o dever de, no caso concreto, resolver a questão constitucional e, eventualmente, declarar incidentalmente a inconstitucionalidade do ato desafiado. Paralelamente, o próprio texto constitucional atribuiu ao Supremo Tribunal Federal e aos Tribunais de Justiça dos Estados-Membros a prerrogativa de conhecer da constitucionalidade dos atos e normas jurídicas para, conforme o caso, declarar a inconstitucionalidade com eficácia vinculante e para todos.

Com esse pensamento, a exploração das principais correntes doutrinárias e dos mais recentes julgados do Supremo Tribunal Federal em torno do tema proposto, de forma didática, sólida e, por outro lado, acessível, constituiu o fio condutor deste estudo. Espera-se que o resultado final tenha ficado à altura do desafio proposto.

Gustavo Santanna | Felipe Scalabrin

Capítulo 1

Considerações iniciais

1. Introdução

A evolução da vida em sociedade conduziu à organização dos indivíduos em torno de uma figura dotada de poder e apto a equalizar, preferencialmente sem o emprego de violência, os mais variados interesses que circundam o sujeito e a coletividade. De fato, "a observação do comportamento humano, em todas as épocas e lugares, demonstra que mesmo nas sociedades mais prósperas e bem ordenadas ocorrem conflitos entre indivíduos ou grupos sociais, tornando necessária a intervenção de uma vontade preponderante, para preservar a unidade ordenada em função dos fins sociais".[1] Essa "vontade preponderante" assume a figura do Estado que, inicialmente, se legitima pela força, isto é, pelo poder físico sobre os súditos.

No avanço histórico, a legitimidade do Estado é deslocada para o plano jurídico, isto é, para o Direito e, assim, a institucionalização do poder – inescapável avanço civilizatório – conduz a reflexões sobre os limites e sobre os autênticos destinatários desse poder.[2] Nessa caminhada, ainda no Século XVIII, surge o debate sobre o "constitucionalismo" – movimento de afirmação da supremacia da ordem jurídica e da necessidade de imposição de limites ao poder instituído.[3] *A história do constitucionalismo é a história da imposição de limites ao poder instituído e exercido pelo Estado.* Trata-se, porém, de uma história (ainda) inacabada. Como a marcha civilizatória não para, novas contingências sociais conferem novos poderes ao Estado e, assim, renovam a vigília sobre os limites da sua atua-

---

[1] DALLARI, Dalmo de Abreu. *Elementos de teoria geral do estado*. 32. ed. São Paulo: Saraiva, 2013, p. 10.

[2] BARROSO, Luis Roberto. *Curso de direito constitucional contemporâneo*. 4. ed. São Paulo: Saraiva, 2013, p. 25.

[3] Idem, p. 27.

ção. Por essa razão, já no Século XIX, discute-se o "neoconstitucionalismo".[4]

Dentre as grandes conquistas do "constitucionalismo" – enquanto movimento de constante limitação do poder e de afirmação de direitos fundamentais – podem ser destacados: (a) o surgimento de um conceito refinado de Constituição apto a limitar o Estado; (b) a assunção da força normativa da Constituição como elemento de transformação social; (c) a noção de supremacia da Constituição apta a demonstrar a superioridade hierárquica do texto constitucional. São esses três pilares que permitem uma adequada identificação dos freios impostos à atuação estatal.

2. Conceito de Constituição

Constituição é o modo de ser de algo. *Constituir é criar*. Nessa versão ampla, sempre que houver *alguma organização* da sociedade (o seu *modo de ser*), haverá Constituição.[5] Nesse sentido, a Constituição é uma constatação da realidade. Não haveria sociedade sem Constituição: "a Constituição é a constituição da sociedade".[6] Essa, porém, é apenas uma das muitas concepções atribuídas à ideia de Constituição.[7]

Com efeito, o(s) constitucionalismo(s) foi (foram) dotando de novo sentido a palavra *Constituição*. Aliás, enquanto forma de aumentar a limitação do poder, propôs-se que essa organização ganhasse um corpo físico e se tornasse algo documentado. A noção de Constituição, que inicialmente é sociológica, torna-se jurídica e ma-

---

[4] Não é pretensão destas lições avançar no estudo do tema, notadamente em razão da acentuada polêmica em torno de quais seriam os elementos identificadores dessa "nova" fase do movimento constitucional. Confira-se, para uma visão tradicionalmente aceita, o texto de: ÁVILA, Humberto. "Neoconstitucionalismo": entre a "ciência do direito" e o "direito da ciência". Revista Eletrônica de Direito do Estado, nº 17, jan/mar 2009, disponível em: <http://www.direitodoestado.com>. Acesso em 26/12/2016. Com uma crítica contundente a essa visão: STRECK, Lenio Luiz. *Jurisdição constitucional e decisão jurídica*. 3. ed. São Paulo: Revista dos Tribunais, 2013, p. 296.

[5] "Nesse sentido é que se diz que todo Estado tem Constituição, que é simples modo de ser do Estado" (SILVA, José Afonso da. *Curso de direito constitucional positivo*. 24. ed. São Paulo: Malheiros, 2005, p. 37); BONAVIDES, Paulo. *Curso de direito constitucional*. 15. ed. São Paulo: Malheiros, 2003, p. 80.

[6] CANOTILHO, José Joaquim Gomes. *Direito constitucional e teoria da Constituição*. 7. ed. Coimbra: Almedina, 2003, p. 88.

[7] Com catálogo amplo de definições: SILVA, José Afonso da. *Teoria do conhecimento constitucional*. São Paulo: Malheiros, 2014, p. 99-181; MIRANDA, Jorge. *Teoria do estado e da Constituição*. 4. ed. Rio de Janeiro: Forense, 2015, p. 165-212.

terializada na chamada *Constituição escrita*.[8] Verifica-se, pois, uma evolução na definição da Constituição.

No **sentido sociológico**, a Constituição estaria na própria realidade social, e não em meros textos. Ferdinand Lassalle foi um dos nomes mais conhecidos desta linha de pensamento ao afirmar que a Constituição não é aquilo que dizem as leis constitucionais, mas sim os fatos que a permeiam. Na sua visão, a essência da Constituição está nos "fatores reais de poder".[9] Assim, a Constituição escrita só é durável enquanto respeitar as condicionantes de poder do país; do contrário, o texto sucumbirá ao real (Constituição real). Por esta razão, a Constituição escrita, no pensamento de Lassalle, é frequentemente uma mera folha de papel, com pouco valor.[10] O texto deve, portanto, reproduzir a realidade social, sob pena de não ter qualquer importância prática.

No **sentido político**, a Constituição representa, pois, as principais escolhas políticas do titular do poder (o povo, o soberano). As escolhas essenciais dizem respeito à essência da organização política (como p. ex., a república, a democracia) e dos direitos fundamentais (como, p. ex., vida, liberdade, propriedade). Carl Schmitt foi o expoente do sentido político da Constituição. Para ele, a essência da Constituição não está no texto, mas sim nas *escolhas* feitas. Estas que representariam a Constituição e, por sua vez, o texto seria um mero anunciador de tais escolhas.[11] Ele também diferenciou, a partir deste conceito, a noção material de Constituição (parcela do texto constitucional que possui a manifestação da decisão política) e a noção formal de Constituição (meras leis descritas através de textos constitucionais – leis constitucionais).[12]

No sentido jurídico, a Constituição é o sistema de normas que organiza o Estado e que dá validade às demais normas do ordenamento jurídico porque hierarquicamente superior. Tem a Constituição, portanto, dois sentidos: a) o sentido formal (hierarquia das normas); b) o sentido material (norma de conteúdo especial – organização do Estado).[13] Nesse sentido, Hans Kelsen revalorizou o papel da norma jurídica; do dever-ser em detrimento do ser. Assim, para o autor da *Teoria Pura do Direito*, a Constituição precisa de um

---

[8] MIRANDA, Jorge. *Teoria do Estado e da Constituição*. 3. ed. Rio de Janeiro: Forense, 2011, p. 171.
[9] LASSALE, Ferdinand. *A essência da Constituição*. 5. ed. Rio de Janeiro: Lumen Juris, 2000, p. 17.
[10] Idem, p. 33.
[11] SCHMITT, Carl. *Teoría de La Constitución*. Madrid: Alianza Editorial, 2003, p. 52-53.
[12] Idem, p. 47.
[13] KELSEN, Hans, *Teoria pura do direito*. 6. ed. São Paulo: Martins Fontes, 1996, p. 155-157.

conceito proveniente da ciência jurídica e não das ciências sociais. De igual modo, não pode o direito ser confundido com a moral.[14]

O pensamento de Kelsen influenciou diretamente não só a teoria do direito, mas também a teoria constitucional. Contribuiu significativamente com a noção de hierarquia e supremacia da Constituição. Entretanto, como ponto negativo, trouxe o desprezo completo às influências externas da norma jurídica. De fato, o positivismo de Kelsen tenta negar a inserção da política, da economia, da moral, no direito, o que também é problemático em face da constante tensão entre tais categorias.[15]

No **sentido estruturante**, adotado por José Afonso da Silva e outros,[16] seria possível a existência de uma *Constituição total* para abranger as suas principais características. Assim, apresenta-se uma definição que agrega as múltiplas facetas da experiência constitucional: "A Constituição seria, pois, algo que tem como forma, um complexo de normas (escritas ou costumeiras); como conteúdo, a conduta motivada pelas relações sociais (econômicas, políticas, religiosas etc.); fim, a realização dos valores que apontam para o existir da comunidade; e, finalmente, como causa criadora e recriadora, o poder".[17] Essa noção permite uma integração dialética entre os atributos essenciais que uma Constituição deve possuir razão pela qual merece especial atenção. Confira-se, abaixo, quadro ilustrativo.

Constituição total	(a) causa →	Poder
	(b) conteúdo →	Relações sociais
	(c) forma →	Complexo de normas (sentido formal)
	(d) objetivo →	Realizar os valores buscados na comunidade

3. Força normativa da Constituição

As definições elencadas evidenciam a existência de uma evolução no conceito de Constituição, de modo a dar-lhe contorno mais palpável.

---

[14] KELSEN, Hans, *Teoria pura do direito*. 6. ed. São Paulo: Martins Fontes, 1996, p. 47.

[15] Vide a crítica em: STRECK, Lenio Luis. *Verdade e consenso*: Constituição, hermenêutica e teorias discursivas. 4. ed. São Paulo: Saraiva, 2011, p. 458 e ss.

[16] FERREIRA, Pinto. *Princípios gerais do direito constitucional moderno*, Tomo I. 4. ed. São Paulo: Saraiva, 1962, p. 29-30.

[17] SILVA, José Afonso da. *Aplicabilidade das normas constitucionais*. 8. ed. São Paulo: Malheiros, 2012, p. 36.

De fato, a concepção inicial (de que a Constituição é mero pedaço de papel) foi superada para afirmar que a Constituição não é apenas condicionada por fatores sociais, mas também pode influenciar e modificar positivamente tais fatores. A Constituição tem, pois, uma pretensão de eficácia social. Ela é dotada de *força normativa*. Noutras palavras, a Constituição, enquanto documento escrito, enquanto integrante da ordem jurídica, tem também (e não só) um objetivo cogente: regular a sociedade, atribuindo direitos, impondo limites aos poderes instituídos (limitações ao Estado).

A Constituição atribui direitos, limita o poder político e estipula tarefas (objetivos). Assim sendo, as normas constitucionais impõem um agir ao Estado (espaço público) e à sociedade (espaço privado). Esse agir não é uma escolha dos atores sociais, mais sim uma imposição da normatividade constitucional.[18]

A mais célebre defesa em torno da concepção normativa da Constituição, haurida em um período de descrédito dos textos constitucionais, partiu do professor alemão **Konrad Hesse** no seu ensaio "A Força Normativa da Constituição" (*Die normative Kraft der Verfassung*). Para ele, além de estampar um reflexo das suas condições de vigência, a Constituição também teria o papel fundamental de impor uma conformação à realidade política e social. Ela imprimiria um dever-ser à comunidade.[19] De fato: "o reconhecimento da normatividade das constituições é uma das mais importantes conquistas do constitucionalismo contemporâneo".[20]

4. Supremacia da Constituição

Além da sua força normativa, outra característica marcante da Constituição deriva do seu conceito jurídico: é que, se ela é norma

---

[18] Inúmeros exemplos confirmam a força normativa da Constituição: (a) dado que é objetivo da República erradicar a pobreza (art. 3º, III, CF) e, portanto, dever do Estado criar programas de governo que conduzam ao término dela, a Lei Complementar 111/01 regulamenta as receitas e os repasses do Fundo de Combate e Erradicação da Pobreza, criado pela Emenda Constitucional nº 31/00; (b) como é objetivo da República reduzir as desigualdades regionais (art. 3º, III, CF), determinadas regiões recebem maior repasse de recursos públicos (art. 159, I, *c* – com redação da EC 84/2014); (c) é dever do Estado fomentar práticas desportivas (art. 217, CF) e, por essa razão, foi realizada a COPA (Lei 12.663/12); (d) é, também, dever de toda a sociedade preservar o meio ambiente (art. 225, CF), dever do Estado prover o manejo ecológico dos ecossistemas (art. 225, § 1º, CF) e aquele que degrada tem o dever de restaurar (art. 225, § 3º, CF), de sorte que até mesmo o corte de árvores, em alguns casos, é considerado crime (art. 38, Lei 9605/98).

[19] HESSE, Konrad. *A força normativa da Constituição*. Porto Alegre: Fabris, 1991, p. 15.

[20] NOVELINO, Marcelo. *Manual de Direito Constitucional*. 9. ed. São Paulo: Método, 2014, p. 87.

hierarquicamente superior às demais e orienta todo o ordenamento jurídico, ela é dotada de supremacia. De fato, a Constituição possui superioridade jurídica sobre as demais normas do sistema, de modo que, em eventual conflito, ela irá prevalecer.

Essa premissa – que hoje se revela simples – é fruto de uma longa evolução histórica. Assim, na Europa do Século XVIII, mesmo com o advento do constitucionalismo moderno, dizia-se que o Código Civil era juridicamente mais relevante do que o texto constitucional. Foi necessário intenso diálogo doutrinário, tributado à noção de poder constituinte, para que houvesse mudança de perspectiva.

Nos Estados Unidos da América, também no Século XVIII, e por razões históricas muito peculiares, já se defendia a supremacia da Constituição. Foi, porém, com o renomado caso *Marbury vs Madison* (1803) que a noção foi consagrada. No caso, o *Chief Justice Marshall* afirmou categoricamente que o ato normativo contrário à Constituição é nulo.[21]

A justificativa (causa) para a supremacia da Constituição pode ser visualizada: (a) na diferença entre poder constituinte e poder constituído; (b) na própria rigidez da Constituição (isto é, no fato de que ela, para ser alterada, passa por um processo diferente das leis em geral); (c) no seu conteúdo material; (d) na noção de hierarquia das normas.[22]

Por outro lado, a evolução da comunidade internacional não passa despercebida pelo direito constitucional e por seus institutos fundamentais, de forma que até a supremacia da Constituição precisa ser pensada a partir dessa nova perspectiva. Surgem, pois, questionamentos acerca da superioridade do texto constitucional quando contrastado com tratados e outras normas provenientes do direito internacional.

Como equacionar, pois, a supremacia da Constituição com essa normativa supranacional? A resposta para tal indagação deriva de uma acurada leitura do próprio texto constitucional e, também, de paradigmático julgado do Supremo Tribunal Federal.

---

[21] "Thus, the particular phraseology of the Constitution of the United States confirms and strengthens the principle, supposed to be essential to all written Constitutions, that a law repugnant to the Constitution is void, and that courts, as well as other departments, are bound by that instrument." (Marbury v. Madison, 5 U.S. 1 Cranch 137, 1803).

[22] BARROSO, Luis Roberto. *Curso de direito constitucional contemporâneo*. 4. ed. São Paulo: Saraiva, 2013, p. 107.

Com efeito, "os tratados e convenções internacionais sobre direitos humanos que forem aprovados, em cada Casa do Congresso Nacional, em dois turnos, por três quintos dos votos dos respectivos membros, serão equivalentes às emendas constitucionais" (art. 5º, § 3º, da CF/88). Daí se conclui que se um tratado de direito humano é aprovado como emenda à Constituição, ele será considerado hierarquicamente equivalente ao texto constitucional.

Por outro lado, se determinado tratado ou convenção de direito humano for aprovado pelas vias ordinárias, ele não poderá ser considerado equivalente ao texto constitucional. Entendeu-se, no passado, que tal tratado possuiria a mesma estatura de uma lei ordinária. Ocorre que, no julgamento conjunto dos Recursos Extraordinários nº 466.343 e nº 349.703, o Supremo Tribunal Federal entendeu que os tratados de direitos humanos, ainda que não aprovados como emendas à Constituição, possuem um *status* privilegiado em face das leis ordinárias. Ou seja, os tratados e convenções de direitos humanos não aprovados na forma do art. 5º, § 3º, da CF/88, possuem **caráter supralegal**. Confira-se.

> PRISÃO CIVIL DO DEPOSITÁRIO INFIEL EM FACE DOS TRATADOS INTERNACIONAIS DE DIREITOS HUMANOS. INTERPRETAÇÃO DA PARTE FINAL DO INCISO LXVII DO ART. 5O DA CONSTITUIÇÃO BRASILEIRA DE 1988. POSIÇÃO HIERÁRQUICO-NORMATIVA DOS TRATADOS INTERNACIONAIS DE DIREITOS HUMANOS NO ORDENAMENTO JURÍDICO BRASILEIRO. Desde a adesão do Brasil, sem qualquer reserva, ao Pacto Internacional dos Direitos Civis e Políticos (art. 11) e à Convenção Americana sobre Direitos Humanos – Pacto de San José da Costa Rica (art. 7º, 7), ambos no ano de 1992, não há mais base legal para prisão civil do depositário infiel, pois o caráter especial desses diplomas internacionais sobre direitos humanos lhes reserva lugar específico no ordenamento jurídico, estando abaixo da Constituição, porém acima da legislação interna. O status normativo supralegal dos tratados internacionais de direitos humanos subscritos pelo Brasil torna inaplicável a legislação infraconstitucional com ele conflitante, seja ela anterior ou posterior ao ato de adesão. Assim ocorreu com o art. 1.287 do Código Civil de 1916 e com o Decreto-Lei nº 911/69, assim como em relação ao art. 652 do Novo Código Civil (Lei nº 10.406/2002). ALIENAÇÃO FIDUCIÁRIA EM GARANTIA. DECRETO-LEI Nº 911/69. EQUIPAÇÃO DO DEVEDOR-FIDUCIANTE AO DEPOSITÁRIO. PRISÃO CIVIL DO DEVEDOR-FIDUCIANTE EM FACE DO PRINCÍPIO DA PROPORCIONALIDADE. A prisão civil do devedor-fiduciante no âmbito do contrato de alienação fiduciária em garantia viola o princípio da proporcionalidade, visto que: a) o ordenamento jurídico prevê outros meios processuais-executórios postos à disposição do credor-fiduciário para a garantia do crédito, de forma que a prisão civil, como medida extrema de coerção do devedor inadimplente, não passa no exame da proporcionalidade como proibição de excesso, em sua tríplice configuração: adequação, necessidade e proporcionalidade em sentido estrito; e b) o Decreto-Lei nº 911/69, ao instituir uma ficção jurídica, equiparando o devedor-fidu-

ciante ao depositário, para todos os efeitos previstos nas leis civis e penais, criou uma figura atípica de depósito, transbordando os limites do conteúdo semântico da expressão "depositário infiel" insculpida no art. 5º, inciso LXVII, da Constituição e, dessa forma, desfigurando o instituto do depósito em sua conformação constitucional, o que perfaz a violação ao princípio da reserva legal proporcional. RECURSO EXTRAORDINÁRIO CONHECIDO E NÃO PROVIDO. (RE nº 349.703, Relator Min. Carlos Britto, Relator p/ Acórdão: Min. Gilmar Mendes, Tribunal Pleno, julgado em 03/12/2008).

Quanto aos demais tratados e convenções (isto é, aqueles que não tratam de direitos humanos), ainda podem ser hierarquicamente considerados leis ordinárias. O quadro ilustrativo a seguir busca apresentar a relação da supremacia da Constituição com os tratados e convenções internacionais.

Constituição Federal + Tratados de Direitos Humanos "constitucionalizados" (art. 5º, § 3º, CF/88)	*Caráter constitucional* Exemplo: Convenção sobre os Direitos das Pessoas com Deficiência e seu Protocolo Facultativo (Decreto Presidencial 6.949/09)
Tratados de Direitos Humanos "não constitucionalizados" (art. 49, I, CF) (STF, RE nº 466.343, RE nº 349.703)	*Caráter supralegal* Exemplo: Convenção Americana sobre Direitos Humanos (Pacto de São José da Costa Rica) (Decreto Presidencial 678/92).
Leis em sentido amplo (inclusive tratados de outros temas)	*Caráter legal* Exemplos: Código Civil (Lei nº 10.406/02), Lei do Mandado de Segurança (Lei nº 12.016/09), Convenção sobre a Aviação Civil Internacional (Decreto Presidencial 21.713/46).

Da supremacia da Constituição surge também uma inevitável consequência: a possibilidade de fiscalização das normas e atos jurídicos no que tange a sua compatibilidade com ela. Ora, se a Constituição tem prevalência, são necessários meios/mecanismos para fazer valer o texto constitucional nos mais variados casos.

Cabe, portanto, à **jurisdição constitucional** o relevante papel, ainda que não exclusivo, de fiscalizar a compatibilidade das normas e atos jurídicos em face da Constituição. É o chamado controle jurisdicional de constitucionalidade. A jurisdição constitucional se manifesta, no direito brasileiro, de duas formas: a) controle abstrato/concentrado/direto de constitucionalidade; b) controle concreto/difuso/incidental de constitucionalidade.

Capítulo 2

Controle de constitucionalidade: noções gerais

1. Conceito

O **controle de constitucionalidade** surge como "meio institucionalizado" que proporciona a "garantia da constitucionalidade" compreendida esta como a prevalência, em dada situação, da norma constitucional sobre qualquer outra norma ou decisão do poder.[23] Em síntese, é o instrumento de fiscalização que permite identificar se um ato ou norma é, ou não, contrário à Constituição. Nesse exato sentido, considera-se que o controle de constitucionalidade: "é uma atividade de fiscalização da validade e da conformidade das normas jurídicas e dos atos do Poder Público à Constituição Federal desenvolvida por um ou mais órgãos constitucionalmente designados para tanto".[24]

Alguns autores diferenciam o controle de constitucionalidade em sentido amplo e em sentido estrito. Em *sentido amplo*, qualquer um pode realizar um juízo de inconstitucionalidade (Poder Judiciário, Poder Executivo, Poder Legislativo, Tribunal de Contas, etc.). Trata-se de uma apreciação geral acerca da inconstitucionalidade da norma ou do ato. Em *sentido estrito*, a declaração de inconstitucionalidade (eficácia declaratória que produza efeitos externos) é uma exclusividade do Poder Judiciário. No Brasil, essa distinção não tem relevância prática, já que todos os protagonistas do Direito devem agir de acordo com a Constituição e, portanto, repelir atos e normas inconstitucionais. Confiram-se três exemplos:

---

[23] MIRANDA, Jorge. *Manual de direito constitucional*: Constituição e inconstitucionalidade. 3 ed. Coimbra: Coimbra Editora, 1996, p. 351.
[24] CUNHA JR, Dirley da. *Controle de constitucionalidade*: teoria e prática. 8. ed. Salvador: JusPodivm, 2016, 34.

(a) **Poder Judiciário**: todos os órgãos judiciais devem fiscalizar o cumprimento do texto constitucional, especialmente quando provocados através de ações judiciais.
(b) **Poder Legislativo**: o controle externo dos demais poderes exercido pelo Congresso Nacional, através do Tribunal de Contas da União, permite que este avalie a constitucionalidade dos atos do Poder Público. De fato: "O Tribunal de Contas, no exercício de suas atribuições, pode apreciar a constitucionalidade das leis e dos atos do Poder Público" (Súmula n° 347 do STF).
(c) **Poder Executivo**: a administração pública tem o dever de dar cumprimento ao texto constitucional e executar as normas infraconstitucionais através dos seus órgãos. Por isso, aliás, que o Conselho Nacional de Justiça – órgão administrativo – pode anular atos administrativos praticados pelos tribunais se houver alguma inconstitucionalidade. Confira-se:

O Plenário julgou improcedente pedido formulado por sindicato em ação anulatória cujo objetivo era anular decisão administrativa do Conselho Nacional de Justiça (CNJ), que determinou a exoneração de todos os nomeados para os cargos em comissão criados pela Lei 8.223/2007 do Estado da Paraíba. Considerou válida a atuação do CNJ e declarou incidentalmente a inconstitucionalidade do art. 5º da mencionada lei paraibana. Denegou, ainda, uma série de mandados de segurança, nos quais suscitadas as mesmas questões postas na ação anulatória, com a consequente cassação das liminares deferidas na ação cautelar preparatória da ação anulatória e nas referidas impetrações. (...). Salientou entendimento doutrinário segundo o qual as leis inconstitucionais não são normas atendíveis, porque colidem com mandamento de uma lei superior, que é a Constituição. (...) Asseverou, portanto, ter-se entre as competências constitucionalmente atribuídas ao CNJ a possibilidade de afastar, por inconstitucionalidade, a aplicação de lei aproveitada como base de ato administrativo objeto de controle e determinar aos órgãos submetidos a seu espaço de influência a observância desse entendimento, por ato expresso e formal tomado pela maioria absoluta de seus membros. Frisou, ademais, não ter havido declaração de inconstitucionalidade da qual resultasse a anulação ou revogação da lei discutida, com exclusão de sua eficácia. Ou seja, houve a nulidade dos atos questionados por ser considerada inaplicável, administrativamente, lei estadual com vício de inconstitucionalidade, com a vinculação apenas da atuação de órgão judicial cujos atos administrativos foram submetidos ao controle do CNJ. Assim, não se haveria de cogitar de usurpação da competência do STF, a qual seria passível de impugnação por meio constitucional próprio, como se dera por meio da ADI 4.867/PB (...) (Pet nº 4.656/PB, Rel. Min. Cármen Lúcia, julgamento em 19/12/2016) (Info851).

2. Pressupostos

Outro tema polêmico diz respeito aos pressupostos para que seja possível o controle de constitucionalidade. Apesar do debate, podem ser destacados três pressupostos:[25]

(1º) **Supremacia constitucional**: trata-se da necessidade de uma norma jurídica hierarquicamente superior e que deve ser respeitada pelas normas inferiores. Assim, os atos do Poder Público somente são válidos se compatíveis com a Constituição.

(2º) **Rigidez constitucional**: trata-se da necessidade de exigir um procedimento distinto para a mudança da Constituição e que permite identificar nela um *status* jurídico diferenciado. Para alguns, além da rigidez, também seria preciso uma Constituição formal (escrita).

(3º) **Órgão competente**: trata-se da previsão de que um sujeito esteja autorizado a exercer essa atividade. Normalmente é atividade conferida ao Poder Judiciário, mas nada impede que seja conferida a outros Poderes. No Brasil, regra geral, é o Poder Judiciário; excepcionalmente, os demais Poderes também exercem, em certo sentido, o controle de constitucionalidade.

3. Função

O papel do controle de constitucionalidade também é tema controvertido, já que passa pela questão da legitimidade democrática da jurisdição constitucional.[26] É seguramente o espaço mais fértil para os debates.[27] Há, porém, no mínimo duas premissas inafastáveis e que revelam a função precípua do controle de constitucionalidade. São elas:

(1º) **Força normativa**: trata-se de assegurar o cumprimento daquilo que está previsto no texto constitucional, impedindo medidas contrárias

---

[25] CLÈVE, Clèmerson Merlin. *A fiscalização abstrata da constitucionalidade no direito brasileiro*. 2. ed. São Paulo: Revista dos Tribunais, 2000, p. 28.

[26] BARROSO, Luís Roberto. *O controle de constitucionalidade no direito brasileiro*. 5. ed. São Paulo: Saraiva, 2011, p. 73. E no mesmo sentido: "Por isso a importância que deve ser dada à discussão acerca do tipo de justiça constitucional encarregada de realizar o controle de constitucionalidade do ordenamento jurídico de cada país. O deslocamento do polo de tensão relacionado à clássica questão da divisão-separação de poderes recebe destarte, uma nova concepção a partir do estabelecimento de tribunais que não fazem parte – stricto sensu – da cúpula do Poder Judiciário, trazendo, consigo, em sua estruturação, a efetiva participação do Poder Legislativo" (STRECK, Lenio Luiz. *Jurisdição constitucional e decisão jurídica*. 3. ed. São Paulo: Revista dos Tribunais, 2013, p. 118).

[27] Não é pretensão deste estudo avançar em tema tão problemático na atualidade.

à Constituição (em face de ações) e promovendo ações favoráveis a sua realização (em face de omissões).

(2º) **Função contramajoritária**: trata-se de assegurar a proteção dos direitos fundamentais das minorias em face das maiorias quando houver confronto com a Constituição (poder constituinte originário).

4. Objeto

O objeto do controle de constitucionalidade é a **inconstitucionalidade**. De fato, quando se refere a objeto do controle, designa-se aquilo sobre o qual esse controle irá recair. É por essa razão, uma vez mais, que o objeto do controle é a inconstitucionalidade. Para melhor compreender o tema, cumpre identificar *o que é* a inconstitucionalidade (seu conceito); *como ela se manifesta* (espécies de inconstitucionalidade) e *a que ela se refere* (parâmetro de constitucionalidade).

(1º) **Conceito de inconstitucionalidade**: trata-se do antagonismo entre uma determinada conduta comissiva ou omissiva do Poder Público em face do parâmetro constitucional. O conceito é relacional (Jorge Miranda) – ato *versus* parâmetro.[28]

(2º) **Espécies de inconstitucionalidade**: essa inconstitucionalidade pode se manifestar de variadas formas. São as seguintes:

(a) **Quanto à conduta**: por ação ou omissão – a *inconstitucionalidade por ação* decorre de conduta comissiva (a edição de ato contrário à Constituição); *a inconstitucionalidade por omissão* decorre de uma omissão (a não edição de ato que deveria ser editado).[29] Ela significa não fazer aquilo a que se estava constitucionalmente compelido[30] e pode decorrer da inércia de qualquer dos Poderes do Estado.[31] O sistema brasileiro confronta as duas (ex.: ação direta

---

[28] "Constitucionalidade e inconstitucionalidade designam conceitos de relação: a relação que se estabelece entre uma coisa – a Constituição – e outra coisa – um comportamento – que lhe está ou não conforme, que cabe ou não no seu sentido, que tem nela ou não a sua base. (...) É essencialmente uma relação de carácter normativo e valorativo, embora implique sempre um momento de conhecimento. Não estão em causa simplesmente a adequação de uma realidade a outra realidade, de um *quid* a outro *quid* ou a desarmonia entre este e aquele acto, mas o cumprimento ou não de certa norma jurídica" (MIRANDA, Jorge. *Manual de direito constitucional: Constituição e inconstitucionalidade*. 3 ed. Coimbra: Coimbra Editora 1996, p. 310-311).

[29] BARROSO, Luís Roberto. *O controle de constitucionalidade no direito brasileiro*. 5. ed. São Paulo: Saraiva, 2011, p. 53.

[30] PIOVESAN, Flávia Cristina. *Proteção judicial contra omissões legislativas*: Ação direta de inconstitucionalidade por omissão e mandado de injunção. 2. ed. São Paulo: Revista dos Tribunais, 2003, p. 91.

[31] CLÈVE, Clèmerson Merlin. *A fiscalização abstrata da constitucionalidade no direito brasileiro*. 2. ed. São Paulo: Revista dos Tribunais, 2000, p. 52.

de inconstitucionalidade, ação declaratória de inconstitucionalidade por omissão e mandado de injunção). Além disso, a omissão inconstitucional poderá ser total ou parcial. A *omissão total* ocorre quando o Poder Público se abstém integralmente, isto é, haverá uma "absoluta falta de ação".[32] A *omissão parcial* se revela quando, apesar de ocorrer uma atuação do Poder Público, ela se apresenta incompleta ou incapaz de atender aos comandos da Constituição. Como se percebe, a diferença entre ação inconstitucional e omissão inconstitucional parcial é sutil já que em ambas as hipóteses há uma conduta positiva do Poder Público.

(b) **Quanto às normas ofendidas**: formal ou material – a *inconstitucionalidade formal* decorre da inobservância de normas sobre a elaboração do ato; a *inconstitucionalidade material* decorre da inobservância das normas que impõem direitos e deveres. Essa última revela a "incompatibilidade substantiva" entre o ato e a Constituição.[33] O sistema brasileiro repele a ambas (ex.: violação ao devido processo legislativo; violação a direitos fundamentais).

- **Inconstitucionalidade formal**: ela decorre da inobservância de normas sobre a elaboração do ato e, como tais normas constam no texto constitucional, seu emprego, no Brasil, assume verdadeira dimensão "superlativa".[34] A inconstitucionalidade formal pode ser procedimental ou orgânica:

    (i) *procedimental*: diz respeito à inobservância do processo legislativo e pode ser <u>subjetiva</u> (quando o projeto de lei ou emenda à Constituição é apresentado por alguém que não possui competência para a matéria) ou <u>objetiva</u> (quando há um vício no curso do processo legislativo, como inobservância de quórum);

    (ii) *orgânica*: diz respeito à inobservância da competência legislativa dos entes políticos (como, p. ex., um Estado-Membro legislando sobre matéria de competência privativa da União).

- **Desvio de Poder Legislativo**: trata-se vício de inconstitucionalidade material, caracterizado pela edição de norma que se afasta das finalidades constitucionalmente estabelecidas.[35]

(c) **Quanto à extensão**: total ou parcial – a *inconstitucionalidade total* atinge a integralidade do ato combatido. A *inconstitucionalidade*

---

[32] CUNHA JR, Dirley da. *Controle de constitucionalidade: teoria e prática*. 8. ed. Salvador: JusPodivm, 2016, p. 266.

[33] BARROSO, Luís Roberto. *O controle de constitucionalidade no direito brasileiro*. 5. ed. São Paulo: Saraiva, 2011, p. 51.

[34] CLÈVE, Clèmerson Merlin. *A fiscalização abstrata da constitucionalidade no direito brasileiro*. 2. ed. São Paulo: Revista dos Tribunais, 2000, p. 41.

[35] BARROSO, Luís Roberto. *O controle de constitucionalidade no direito brasileiro*. 5. ed. São Paulo: Saraiva, 2011, p. 52.

parcial fulmina apenas uma parte do ato contrário à Constituição. O sistema brasileiro é contrário a ambas.

(d) **Quanto ao momento**: originária ou superveniente – a inconstitucionalidade originária ocorre quando o ato, desde o seu surgimento, é contrário à Constituição vigente; a inconstitucionalidade superveniente ocorre quando o ato se torna incompatível com a Constituição em razão de uma mudança do parâmetro constitucional.[36] Porém, muita atenção! A inconstitucionalidade superveniente aqui tratada não é aceita pelo STF (vide, p. ex., ADPF nº 130/DF).[37] É que a incompatibilidade que surja depois da edição do ato não enseja inconstitucionalidade, mas sim, hipótese de **não recepção** (exemplo: lei anterior à Constituição Federal de 1988 e contrária a ela).

- **Questão**: *Mas o STF aceita alguma inconstitucionalidade superveniente?* A resposta é afirmativa. O Supremo já referiu que uma lei sem qualquer vício de inconstitucionalidade poderia se tornar inconstitucional "em face de notórias mudanças fáticas e jurídica" (STF, RCL nº 4.374/PE). Há aqui, porém, *outro sentido* para o termo "inconstitucionalidade superveniente" e que não tem relação com o advento de um novo parâmetro constitucional (como p. ex., uma nova Constituição ou uma emenda), mas sim com uma nova compreensão dada à norma desafiada e ao texto constitucional.

(e) **Quanto à apuração**: direta ou indireta – a *inconstitucionalidade direta* é resultado do confronto direto, sem norma intermediária, do ato com a Constituição; a *inconstitucionalidade indireta* (mediata) decorre do confronto através de uma norma intermediária entre o ato e a Constituição. É exemplo de inconstitucionalidade reflexa, um decreto que não observa os limites da lei cuja previsão esteja na Constituição. Assim, o decreto viola diretamente a lei e indiretamente a Constituição. No direito brasileiro, tanto a inconstitucionalidade direta como a inconstitucionalidade indireta são inaceitáveis e devem ser repelidas pelos mais variados instrumentos jurídicos. Há, porém, um detalhe: não cabe recurso extraordinário para desafiar decisão fundada em inconstitucionalidade reflexa.

---

[36] CLÈVE, Clèmerson Merlin. *A fiscalização abstrata da constitucionalidade no direito brasileiro*. 2. ed. São Paulo: Revista dos Tribunais, 2000, p. 54; BARROSO, Luís Roberto. *O controle de constitucionalidade no direito brasileiro*. 5. ed. São Paulo: Saraiva, 2011, p. 62.

[37] No julgamento da ADPF nº 130/DF, o STF entendeu por declarar como não recepcionado pela Constituição de 1988 todo o conjunto de dispositivos da Lei federal nº 5.250, de 9 de fevereiro de 1967 (Lei da Imprensa) por entender, dentre tantos outros argumentos, que "são irregulamentáveis os bens de personalidade que se põem como o próprio conteúdo ou substrato da liberdade de informação jornalística, por se tratar de bens jurídicos que têm na própria interdição da prévia interferência do Estado o seu modo natural, cabal e ininterrupto de incidir" (ADPF nº 130, Relator: Min. CARLOS BRITTO, Tribunal Pleno, julgado em 30/04/2009).

- **Inconstitucionalidade por arrastamento**: é aquela que ocorre quando um ato ou norma não foi objeto imediato do controle, mas, em razão da declaração de inconstitucionalidade de outro ato ou norma também poderá ser considerado inconstitucional. Assim, a inconstitucionalidade de um dispositivo ou ato "arrastará" o outro para a inconstitucionalidade também. São sinônimos: inconstitucionalidade por arrasto, por derivação, por consequência, por atração, em ricochete, em cascata, por reverberação. Vale registrar que o STF admite a inconstitucionalidade por arrastamento ainda que não haja pedido expresso (na inicial) e, até mesmo, quando se tratar de processo distinto. Exemplo digno de nota diz respeito à oportunidade na qual o STF declarou inconstitucional o art. 100, § 12, da CF/88, incluído pela EC nº 62/09, que tratava da atualização monetária e juros dos precatórios. Como a norma foi declarada inconstitucional, o art. 1º-F da Lei nº 9.494/97, que trazia regra idêntica àquela cuja inconstitucionalidade foi reconhecida, também foi considerado, por consequência, inconstitucional (STF, ADI nº 4.425/DF).

(3º) **Parâmetro de constitucionalidade**: o confronto do ato deve se dar com o parâmetro de constitucionalidade. No direito brasileiro, o parâmetro é a Constituição da República Federativa do Brasil de 1988 e as demais normas que possuem o mesmo status (Emendas, Tratados "constitucionalizados", princípios, etc.). Sobre o parâmetro de constitucionalidade, duas definições merecem especial atenção:

- **Bloco de constitucionalidade**: em sentido estrito, abrange a Constituição em sentido formal; em sentido amplo, abrange também a Constituição em sentido material (até mesmo normas infraconstitucionais).

- **Normas constitucionais interpostas**: segundo Gustavo Zagrebelsky (La Giustizia Costituzionale) se as normas constitucionais fizerem referência expressa a outras disposições normativas, a inconstitucionalidade poderia surgir em razão da violação dessas normas (e não diretamente da Constituição). Tais normas poderiam ser consideradas verdadeiras "normas constitucionais interpostas" a servir de parâmetro para o controle de constitucionalidade. Essa tese, porém, não é aceita pela doutrina brasileira e nem pelo STF. Aliás: "não cabe controle abstrato de constitucionalidade por violação de norma infraconstitucional interposta" (STF, ADI nº 2.122/AL).

5. Sistemas

Os "sistemas"[38] de controle de constitucionalidade são tão variáveis quanto são os sistemas jurídicos. Alguns deles influenciaram sobremaneira o direito brasileiro e, por essa razão, merecem referência explícita.

(1º) **Sistema norte-americano**: trata-se da doutrina do *judicial review*, segundo a qual os atos do Poder Público podem ser fiscalizados pelo Poder Judiciário quando contrastem com a Constituição.[39] Neste sistema, considera-se que, caso haja uma desconformidade do ato do Poder Público com a Constituição, deve prevalecer a supremacia constitucional. Ou seja, é nulo o ato contrário à Constituição (*Marbury versus Madison*, 1803). A sua característica marcante é que há controle judicial realizado por qualquer órgão judicial (controle "difuso") e que sempre dependerá de controvérsia real (controle "concreto"). Além disso, haverá declaração de uma inconstitucionalidade preexistente: adota-se a teoria da nulidade absoluta do ato inconstitucional. No sistema norte-americano, a decisão judicial de inconstitucionalidade é vinculante por tradição ("*stare decisis*"). Autorizada doutrina chega a apontar que, neste país, "a lei escrita (*statutes*) e as decisões judiciais estão em plano de igualdade".[40] Esse sistema é adotado em vários outros países, como, por exemplo, Canadá, Austrália, Índia, Japão e Argentina.

(2º) **Sistema austríaco**: trata-se da doutrina proposta por Hans Kelsen ao governo austríaco e que restou incorporado à Constituição da época (*Oktoberverfassung*, 1920). Neste sistema, os atos do Poder Público podem ser fiscalizados por um órgão específico do Estado, o Tribunal Constitucional.[41] Ao longo dos anos, o sistema se difundiu e se aprimorou na Europa. A sua característica marcante é que o controle é realizado por um órgão específico (controle "concentrado") e independente de uma controvérsia real (controle "abstrato"). Na concepção original, esse "órgão específico", verdadeiro tribunal *ad hoc*, não pertencia ao Poder Judiciário e era formado, inclusive, por membros do parlamento.[42] Na proposta de Kelsen, julgada a inconstitucionalidade de um ato, haverá a Constituição de uma nova situação jurídica

---

[38] CUNHA JR, Dirley da. *Controle de constitucionalidade*: teoria e prática. 8. ed. Salvador: JusPodivm, 2016, p. 59 e ss.

[39] CLÈVE, Clèmerson Merlin. *A fiscalização abstrata da constitucionalidade no direito brasileiro*. 2. ed. São Paulo: Revista dos Tribunais, 2000, p. 64.

[40] STRECK, Lenio Luiz. *Jurisdição constitucional e decisão jurídica*. 3. ed. São Paulo: Revista dos Tribunais, 2013, p. 382.

[41] CLÈVE, Clèmerson Merlin. *A fiscalização abstrata da constitucionalidade no direito brasileiro*. 2. ed. São Paulo: Revista dos Tribunais, 2000, p. 68.

[42] STRECK, Lenio Luiz. *Jurisdição constitucional e decisão jurídica*. 3. ed. São Paulo: Revista dos Tribunais, 2013, p. 413.

com a decisão: adota-se a teoria da anulabilidade do ato inconstitucional. Isto porque o órgão de fiscalização atua como verdadeiro legislador negativo. No sistema austríaco, a decisão de inconstitucionalidade é vinculante e tem eficácia geral por uma imposição da ordem jurídica (*allgemeinwirkung*). Esse sistema influenciou diretamente vários países, como, por exemplo: Alemanha, Itália, Polônia, Hungria e África do Sul.

(3º) **Sistema francês**: trata-se de controle realizado por um órgão político específico (*Conseil Constitutionnel*)[43] e que, inicialmente, era apenas preventivo (1958) e atualmente é também repressivo (2008). A sua característica marcante é que o controle é realizado por um órgão político (não judicial). Verifica-se, neste particular, mais uma evidência da "falta de fé" nos juízes por parte dos franceses pós-revolução.[44] Na origem, identificam-se duas perspectivas para esse sistema. Na perspectiva preventiva, permitia o controle de leis antes da sua promulgação. Na perspectiva repressiva, é incidente suscitado em processo pendente ("questão prioritária de constitucionalidade"). Ademais, a decisão de inconstitucionalidade promove a revogação da norma a partir dali.

6. Modelos

A existência de sistemas de controle de constitucionalidade tão distintos entre si e cuja justificativa certamente deita raízes na historicidade de cada povo que os idealizou, permitiu à doutrina constitucional identificar variados "modelos"[45] abstratamente considerados para explicar, com mais clareza, quais os meios pelos quais se pode realizar a fiscalização quanto à constitucionalidade das condutas do Poder Público. Cumpre, então, uma rápida apresentação acerca dos principais modelos de controle que são mencionados pela doutrina.

(1º) **Quanto ao momento**

    (a) **Controle preventivo**: é aquele que é realizado antes do surgimento do ato contrário à Constituição, justamente para evitar a sua violação. Também denominada fiscalização preventiva ou fisca-

---

[43] CLÈVE, Clèmerson Merlin. *A fiscalização abstrata da constitucionalidade no direito brasileiro*. 2. ed. São Paulo: Revista dos Tribunais, 2000, p. 60.

[44] STRECK, Lenio Luiz. *Jurisdição constitucional e decisão jurídica*. 3. ed. São Paulo: Revista dos Tribunais, 2013, p. 403.

[45] CUNHA JR, Dirley da. *Controle de constitucionalidade: teoria e prática*. 8. ed. Salvador: JusPodivm, 2016, p. 101 e ss.

lização *a priori*.⁴⁶ É adotado no sistema brasileiro e realizado por todos os Poderes (no Legislativo, pela Comissão de Constituição e Justiça, art. 58, da CF/88; no Executivo, pelo veto jurídico, art. 66, §1º, da CF/88; no Judiciário, via Mandado de Segurança impetrado por Parlamentar).

(b) **Controle repressivo**: é aquele que é realizado após o surgimento do ato contrário à Constituição para repelir a violação ocorrida. Também denominado de fiscalização repressiva, fiscalização sucessiva ou fiscalização *a posteriori*.⁴⁷ É adotado no sistema brasileiro e realizado por todos os Poderes (no Legislativo, mediante rejeição de medida provisória ou sustação de atos do Executivo que exorbitem delegação, art. 49, V, da CF/88; no Executivo, há polêmica, mas corrente doutrinária admite a possibilidade de não se obedecer a lei inconstitucional⁴⁸ e imediatamente ajuizar ação judicial; no Judiciário, mediante questão incidental e questão principal de processo judicial). O controle repressivo é realizado, por excelência, pelo Poder Judiciário.

(2º) **Quanto ao órgão controlador**

(a) **Controle político**: é realizado por um órgão que não tem caráter jurisdicional.⁴⁹ É adotado no sistema brasileiro – que aceita o controle por todos os Poderes.⁵⁰

- **Poder Executivo**: são exemplos de controle político: (a) o veto presidencial a projeto de lei em razão da sua inconstitucionalidade; (b) a determinação para que, no âmbito da administração pública, a lei inconstitucional não seja aplicada (tema polêmico, como já mencionado).

- **Poder Legislativo**: são exemplos de controle político: (a) análise de projeto de lei pela Comissão de Constituição e Justiça (CCJ); (b) rejeição do veto presidencial (art. 66, §4º, da CF/88); (c) sustação de ato normativo do Poder Executivo ou de Lei Delegada (art. 49, V, da CF/88); (d) não conversão de medida provisória em lei em razão de inconstitucionalidade; (e) edição de lei nova revogadora da lei inconstitucional; (f) suspensão de execução de lei declarada inconstitucional pelo STF (art. 52, X, da CF/88); (g) aprovação de emenda constitucional que supere interpretação do STF – se o Poder Judiciário declara uma lei inconstitucional,

---

⁴⁶ CLÈVE, Clèmerson Merlin. *A fiscalização abstrata da constitucionalidade no direito brasileiro*. 2. ed. São Paulo: Revista dos Tribunais, 2000, p. 73.

⁴⁷ Ibidem.

⁴⁸ Há posição do STF favorável a essa tese: ADI 221 MC, Relator Min. Moreira Alves, Tribunal Pleno, julgado em 29/03/1990.

⁴⁹ Exemplo de controle puramente político é o do direito francês, já que decorre da atuação de órgão não jurisdicional – o Conselho Constitucional (CLÈVE, op. cit., p. 74)

⁵⁰ BARROSO, Luís Roberto. *O controle de constitucionalidade no direito brasileiro*. 5. ed. São Paulo: Saraiva, 2011, p. 65.

o Congresso Nacional pode aprovar uma emenda para constitucionalizar determinada situação, havendo posição doutrinária favorável a essa tese (foi o que ocorreu, p. ex., com a taxa de iluminação pública declarada inconstitucional e posteriormente constitucionalizada pela EC nº 39/02 no art. 149-A da CF/88);
(b) **Controle jurisdicional**: é realizado por órgão que tem caráter jurisdicional. É adotado no sistema brasileiro – que aceita o controle por todos os Poderes.

(3º) **Quanto à finalidade**
  (a) **Controle concreto**: é aquele que depende de uma situação concreta de lesão. É adotado no sistema brasileiro, já que qualquer indivíduo pode provocar o Poder Judiciário para afastar lesão a interesse próprio.
  (b) **Controle abstrato**: é aquele que não depende de uma situação concreta de lesão, pois, pode ser suscitado com base em situação hipotética. Também é adotado no sistema brasileiro, já que é possível, para certos legitimados, ajuizar ações sem que haja uma situação concreta de lesão.

(4º) **Quanto à pretensão deduzida**
  (a) **Processo subjetivo**: há controle mediante processo subjetivo quando se busca a proteção de direitos subjetivos. É adotado no direito no sistema brasileiro, que garante amplo acesso à Justiça para que cada indivíduo busque a tutela jurisdicional do seu interesse potencialmente lesado.
  (b) **Processo objetivo**: há controle mediante processo objetivo quando se busca a proteção da ordem constitucional objetivamente considerada. É adotado no sistema brasileiro, já que existem ações cujo propósito é a proteção da ordem constitucional, como a Ação Direta de Inconstitucionalidade e a Ação Declaratória de Constitucionalidade.

(5º) **Quanto à competência**
  (a) **Controle difuso**: é aquele que pode ser realizado por qualquer órgão judicial. Também denominado sistema aberto, permite que qualquer juiz declare um ato contrário à Constituição. É adotado no sistema brasileiro, já que todos os órgãos judiciais possuem essa competência (jurisdição constitucional).[51]
  (b) **Controle concentrado**: também denominado de sistema reservado, é aquele que somente pode ser realizado por um órgão específico. É adotado no sistema brasileiro para determinadas ações

---

[51] "Do juiz estadual recém concursado até o Presidente do Supremo Tribunal Federal, todos os órgãos judiciários têm o dever de recusar aplicação às leis incompatíveis com a Constituição" (BARROSO, Luís Roberto. *O controle de constitucionalidade no direito brasileiro*. 5. ed. São Paulo: Saraiva, 2011, p. 69).

que somente podem ser propostas perante o Supremo Tribunal Federal ou perante os Tribunais de Justiça (controle estadual).[52]

(6°) **Quanto ao objeto do processo**

(a) **Controle por via incidental**: também denominado de controle por via de exceção, controle por via de defesa, controle *incidenter tantum*,[53] é aquele que ocorre quando o exame do pedido principal passa necessariamente pelo exame acerca da constitucionalidade de determinado ato, mas que não é o objeto do processo. Neste caso, a questão constitucional é questão prejudicial do mérito do processo. Normalmente o controle por via incidental é difuso, mas não há uma correspondência necessária entre eles.[54] O controle incidental é sempre concreto. No Direito brasileiro, a Arguição de Descumprimento de Preceito Fundamental (ADPF) é exemplo de controle incidental concreto e concentrado.

(b) **Controle por via principal**: é aquele que ocorre quando o exame do pedido principal é o exame acerca da constitucionalidade de determinado ato. Neste caso, a questão constitucional é a questão principal, isto é, o mérito do processo. Normalmente o controle por via principal é concentrado e abstrato,[55] contudo, no direito brasileiro, a Ação Interventiva é exemplo de controle por via principal concentrado e concreto.

---

[52] BARROSO, Luís Roberto. *O controle de constitucionalidade no direito brasileiro*. 5. ed. São Paulo: Saraiva, 2011, p. 71.

[53] BARROSO, Luís Roberto. *O controle de constitucionalidade no direito brasileiro*. 5. ed. São Paulo: Saraiva, 2011, p. 72.

[54] CLÈVE, Clèmerson Merlin. *A fiscalização abstrata da constitucionalidade no direito brasileiro*. 2. ed. São Paulo: Revista dos Tribunais, 2000, p. 77.

[55] "No Brasil, salvo quanto à ação interventiva, a fiscalização por via de ação (ação direta de inconstitucionalidade)" é sempre abstrata (CLÈVE, Clèmerson Merlin. *A fiscalização abstrata da constitucionalidade no direito brasileiro*. 2. ed. São Paulo: Revista dos Tribunais, 2000, p. 76).

Capítulo 3

Antecedentes históricos no Brasil

1. Constituição de 1824

A Constituição de 1824 recebeu intensa influência francesa. Nessa linha, o Brasil adota um modelo no qual a guarda da Constituição é exercida pelo parlamento (Câmara e Senado). Não havia, portanto, controle de constitucionalidade no sentido de que "não foi concedido ao Poder Judiciário a prerrogativa de declarar a inconstitucionalidade de leis ou atos legislativos".[56] Na prática, em razão do poder moderador, havia severa concentração de atribuições na pessoa do soberano. De fato, a Constituição Imperial não favorecia o advento de um sistema de controle.[57]

2. Constituição de 1891

A Constituição de 1891 recebeu intensa influência do modelo norte-americano. Nessa linha, o Brasil passa a adotar o controle difuso de constitucionalidade. Cada sujeito prejudicado poderia provocar o Poder Judiciário para que, inclusive, determinada norma ou ato fosse considerados inválidos se contrastados com a Constituição.

3. Constituição de 1934

A Constituição de 1934 aperfeiçoou o modelo já existente.[58] Nesse passo, manteve o controle difuso de constitucionalidade,

---

[56] STRECK, Lenio Luiz. *Jurisdição constitucional e decisão jurídica.* 3. ed. São Paulo: Revista dos Tribunais, 2013, p. 488.
[57] BONAVIDES, Paulo. *Curso de direito constitucional.* 29. ed. São Paulo: Malheiros, 2014, p. 334.
[58] STRECK, op. cit., p. 512.

mas estabeleceu alguns novos elementos. As principais inovações são: (1º) o surgimento da cláusula de reserva de plenário (órgão fracionário de tribunal não pode declarar inconstitucionalidade); (2º) o surgimento da resolução suspensiva do Senado (para suspender uma lei declarada inconstitucional pelo STF); (3º) o surgimento da representação interventiva. Ela representou inegável avanço rumo ao controle direto de constitucionalidade.[59]

Vale lembrar que o mandado de segurança surgiu com a Constituição de 1934 – o que permitiu que o controle difuso fosse intensificado.

4. Constituição de 1937

A Constituição de 1937 recebeu influência polonesa. Vale lembrar que se trata da Constituição do Estado Novo, e o seu caráter era autoritário. O controle de constitucionalidade foi duramente mitigado, já que era possível que o Congresso Nacional, por provocação do Presidente da República, confirmasse a constitucionalidade de lei declarada inconstitucional pelo Poder Judiciário e, para piorar, caso o Congresso não estivesse reunido, a atribuição era exercida pelo próprio Presidente da República.

5. Constituição de 1946

A Constituição de 1946, que representou a redemocratização posterior à queda do Estado Novo, reafirmou o controle difuso de constitucionalidade (sem possibilidade de revisão por outros Poderes). Além disso, promoveu mudanças na representação interventiva. Acrescente-se que, sob a égide da Constituição de 1946, surge o controle abstrato de constitucionalidade no direito brasileiro. Com efeito, já durante a Ditadura Militar, a Emenda Constitucional nº 16/65 estabelece a representação de inconstitucionalidade: ação proposta exclusivamente pelo Procurado-Geral da República – PGR – para discutir a constitucionalidade de determinada norma jurídica. Surge, assim, a primeira ferramenta de controle concentrado de constitucionalidade.[60]

---

[59] BONAVIDES, Paulo. *Curso de direito constitucional*. 29. ed. São Paulo: Malheiros, 2014, p. 335.

[60] A razão, porém, não foi nobre. Como bem lembrado: (...) "a preocupação dos militares era justamente de estabelecer um mecanismo rápido e eficaz para evitar que juízes e tribunais,

6. Constituição de 1967/69

A Constituição de 1967/1969 é o texto de legitimação da ditadura militar. Quanto ao controle de constitucionalidade, ela manteve o controle difuso e manteve o controle abstrato (representação interventiva). Acrescente-se que a Emenda Constitucional nº 07/77 dissipou controvérsia da época e passou a autorizar expressamente a concessão de "medida cautelar" nas representações oferecidas pelo Procurador-Geral da República.

7. Constituição de 1988

A Constituição de 1988 não é apenas um produto histórico das constituições anteriores e de séculos de tradições pretéritas (sistemas norte-americano, austríaco e francês), mas também fruto dos ideais de um futuro melhor após as brumas da Ditadura. Nessa linha, ela traz o controle difuso de constitucionalidade para que qualquer juiz aprecie a conformação do ato com a Constituição. Ela traz também muitos mecanismos de controle abstrato para que o Supremo Tribunal Federal ou os Tribunais locais declararem a norma (in)constitucional.

A Constituição de 1988 ampliou substancialmente o rol de sujeitos legitimados para dar início ao controle abstrato e também se preocupou com o controle das omissões (mandado de injunção e ADO). A Emenda Constitucional nº 03/93 trouxe para a ordem constitucional da ação declaratória de constitucionalidade (ADC). A Emenda Constitucional nº 45/04 atingiu o controle difuso (modificou a admissibilidade do recurso extraordinário) e o controle abstrato (corrigiu o rol de legitimados em geral e da Ação Declaratória de Constitucionalidade em especial). Além disso, a mesma emenda criou a súmula vinculante.

---

com pensamento democrático, mediante decisões no controle difuso de constitucionalidade, obstaculizassem ações do establishment" (STRECK, Lenio Luiz. *Jurisdição constitucional e decisão jurídica*. 3. ed. São Paulo: Revista dos Tribunais, 2013, p. 519).

Capítulo 4

Controle difuso de constitucionalidade brasileiro

1. Conceito

O *controle difuso* é aquele que pode ser realizado por qualquer órgão judicial. Também denominado sistema aberto, permite que qualquer juiz declare um ato contrário à Constituição. É adotado no sistema brasileiro, já que todos os órgãos judiciais possuem essa competência (jurisdição constitucional). É acertadamente considerado o mais apto a promover a defesa do cidadão contra os atos normativos do Poder Público.[61]

O controle difuso está presente na ordem jurídica brasileira desde 1891, por influência de Rui Barbosa, adepto do sistema norte-americano de controle de constitucionalidade (*judicial review of legislation*). Não é por outra razão que Teori Zavascki afirma que o controle difuso tem "a idade da República".[62]

Realizado por qualquer juiz, o controle difuso é pautado por uma situação concreta de lesão na qual há uma questão de inconstitucionalidade prejudicial do exame do mérito.[63] Pode-se referir, com isso, que o controle difuso é um controle concreto e realizado por via incidental.

---

[61] BONAVIDES, Paulo. *Curso de direito constitucional*. 29. ed. São Paulo: Malheiros, 2014, p. 333.
[62] ZAVASCKI, Teori Albino. *Eficácia das sentenças na jurisdição constitucional*. 3. ed. São Paulo: Revista dos Tribunais, 2014, p. 19.
[63] "Na hipótese, caberá ao órgão judicial, decidindo a prejudicial, declarar a inconstitucionalidade da lei, para o efeito de subtrair o *case* de sua esfera de incidência ou reconhecer a sua ilegitimidade, aplicando-a para a solução da lide" (CLÈVE, Clèmerson Merlin. *A fiscalização abstrata da constitucionalidade no direito brasileiro*. 2. ed. São Paulo: Revista dos Tribunais, 2000, p. 91).

2. Finalidade

A finalidade do controle difuso de constitucionalidade não é a declaração de inconstitucionalidade de um ato do Poder Público, mas sim a **proteção de direitos concretamente violados ou ameaçados**. Ocorre que, para que isso ocorra, necessariamente haverá uma avaliação quanto à constitucionalidade do ato. Novamente, trata-se de questão prejudicial.[64]

A doutrina já defende que este não pode ser o único papel do controle difuso. É que se há um juízo sobre a constitucionalidade do ato, não há razão para deixar de observá-lo. Desse modo, o controle difuso também estaria pautado pelo comprometimento com a unidade do direito, razão pela qual os precedentes dele decorrentes seriam de observância obrigatória.[65] Discute-se, portanto, acerca da abstrativização/objetivação/concentração do controle difuso de constitucionalidade. Vale registrar que o tema é polêmico[66] e merece reflexão atenta da doutrina, especialmente em razão dos instrumentos surgidos com o Novo Código de Processo Civil.

3. Legitimidade

Possuem legitimidade para levantar a questão constitucional:[67]

(a) **As partes**: os sujeitos da relação em que houve um direito violado ou ameaçado possuem legitimidade para pleitear junto ao Poder Judiciário a fiscalização quanto à constitucionalidade do ato. Como o controle difuso pode ser realizado perante qualquer juiz, tanto o autor como o réu podem alegar a questão constitucional, seja na peti-

---

[64] "No direito brasileiro vigente continuam a coexistir o controle incidental e o controle direto da constitucionalidade. O primeiro é exercitável por qualquer órgão do Poder Judiciário, independentemente da posição que ocupe na respectiva hierarquia, inclusive o Supremo Tribunal Federal e o Superior Tribunal de Justiça (sistema difuso), no julgamento de causa que lhe incumba, originariamente ou em grau de recurso, desde que a decisão do litígio reclame, como premissa lógica, o exame da questão de constitucionalidade, assim configurada como prejudicial" (MOREIRA, José Carlos Barbosa. *Comentários ao Código de Processo Civil*, vol. V. 12ª ed. Rio de Janeiro: Forense, 2005, p. 33).

[65] Vide, nessa perspectiva: MARINONI, Luiz Guilherme. *Precedentes obrigatórios*. 5. ed. São Paulo: Revista dos Tribunais, 2017; CUNHA, Guilherme Cardoso Antunes da; REIS, Maurício Martins. Por uma teoria dos precedentes obrigatórios conformada dialeticamente ao controle concreto de constitucionalidade. *Revista de Processo*, São Paulo , v. 39, n. 235, p. 263-292, set. 2014.

[66] Sobre o tema: SCALABRIN, Felipe. *Causa de pedir e atuação do Supremo Tribunal Federal*. Porto Alegre: Verbo Jurídico, 2013.

[67] BARROSO, Luís Roberto. *O controle de constitucionalidade no direito brasileiro*. 5. ed. São Paulo: Saraiva, 2011, p.112.

ção inicial de qualquer ação, seja em atos de resposta (contestação, reconvenção etc.).
(b) **Terceiros intervenientes**: apesar de não serem partes, também integram a relação processual e, portanto, podem levantar a questão constitucional.
(c) **O Ministério Público**: tanto como parte, como fiscal da ordem jurídica, poderá levantar perante o órgão judicial a questão da inconstitucionalidade do ato controvertido.

Uma questão interessante que tem gerado controvérsia diz respeito à possibilidade de reconhecer a inconstitucionalidade de ofício. Seria possível? Sobre o tema, prevalece na doutrina[68] e nos tribunais superiores que a inconstitucionalidade é uma questão de ordem pública, que pode ser reconhecida mesmo sem provocação das partes (STF no AgrAI nº 666.523). Pela via recursal, porém, exige-se o prequestionamento da matéria.

4. Competência

A competência para exercício do controle difuso de constitucionalidade é de qualquer órgão judicial competente para processar e julgar a causa.[69]

(1º) **Juízes de primeiro grau**: julgará a questão prejudicial sempre originariamente, por ocasião do julgamento da causa.

(2º) **Tribunais**: devem julgar a questão prejudicial mediante procedimento específico em que se observe: (a) o quórum de maioria absoluta de seus membros; (b) a reserva de plenário ou, no tribunal em que houver, do órgão especial (cláusula constitucional do *full bench*), nos termos do art. 97 da CF/88. Trata-se do incidente de arguição de inconstitucionalidade (art. 948-950 do NCPC).

A chamada **cláusula de reserva** de plenário que, como adiantado, impõe um procedimento especial para que os tribunais declarem a inconstitucionalidade de determinado ato mediante incidente processual específico, suscita variados questionamentos.

---

[68] Favorável: CLÈVE, Clèmerson Merlin. *A fiscalização abstrata da constitucionalidade no direito brasileiro*. 2. ed. São Paulo: Revista dos Tribunais, 2000, p. 98; BARROSO, Luís Roberto. *O controle de constitucionalidade no direito brasileiro*. 5. ed. São Paulo: Saraiva, 2011, p. 112; ZAVASCKI, Teori Albino. *Eficácia das sentenças na jurisdição constitucional*. 3. ed. São Paulo: Revista dos Tribunais, 2014, p. 19; STRECK, Lenio Luiz. *Jurisdição constitucional e decisão jurídica*. 3. ed. São Paulo: Revista dos Tribunais, 2013, p. 532.

[69] CLÈVE, Clèmerson Merlin. *A fiscalização abstrata da constitucionalidade no direito brasileiro*. 2. ed. São Paulo: Revista dos Tribunais, 2000, p. 99.

Quanto ao cabimento, não é ocioso repetir, ela deve ocorrer quando o tribunal declara a inconstitucionalidade de lei ou ato normativo do Poder Público. Como regra, a sua observância é obrigatória, sob pena de violação à própria Constituição Federal de 1988 (Súmula Vinculante nº 10 do STF).[70] Há, porém, algumas situações que dispensam a cláusula de reserva de plenário.[71] São as seguintes: (1º) os julgamentos das Turmas Recursais de Juizados Especiais (AgRg RE nº 453.744 do STF); (2º) o reconhecimento da constitucionalidade do ato; (3º) quando já houver apreciação anterior do próprio tribunal ou do plenário do STF (art. 949, parágrafo único, NCPC); (4º) quando se tratar do próprio Supremo Tribunal Federal; (5º) quando ocorrer mera interpretação conforme à Constituição[72]; (6º) quando se tratar de normas pré-constitucionais.[73]

Quanto ao procedimento para que se observe a cláusula de reserva de plenário, este vai detalhado nos artigos 948-950 do NCPC. Em síntese, alegada a inconstitucionalidade no tribunal, o relator deverá submeter a questão constitucional à turma ou à câmara à qual competir o conhecimento do processo (art. 948, do NCPC). Se a turma ou a câmara acolher a questão, ela deve ser submetida ao plenário do tribunal ou ao seu órgão especial para verificar se a hipótese enseja declaração de inconstitucionalidade (art. 949, II, do NCPC). Admite-se, no processamento do incidente, que as pessoas jurídicas de direito público responsáveis pela edição do ato questionado se manifestem (art. 950, § 1º, do NCPC). De igual modo, a lei processual autoriza que os legitimados para instaurar o controle concentrado também se manifestem e, a depender da relevância da

---

[70] Súmula Vinculante nº 10, STF. Viola a cláusula de reserva de plenário (CF, artigo 97) a decisão de órgão fracionário de tribunal que, embora não declare expressamente a inconstitucionalidade de lei ou ato normativo do Poder Público, afasta sua incidência, no todo ou em parte.

[71] STRECK, Lenio Luiz. *Jurisdição constitucional e decisão jurídica*. 3. ed. São Paulo: Revista dos Tribunais, 2013, p. 540.

[72] Apesar da polêmica, alega-se que a interpretação conforme a Constituição não caracteriza verdadeira declaração de inconstitucionalidade, mas mera compreensão do texto normativo naquilo que possibilita a sua adequação com a própria Constituição. Como a exigência da cláusula de reserva de plenário diz respeito à efetiva declaração de inconstitucionalidade, a interpretação conforme a Constituição estaria dispensada do procedimento (é a posição, por exemplo, de: STRECK, Lenio Luiz. *Jurisdição constitucional e decisão jurídica*. 3. ed. São Paulo: Revista dos Tribunais, 2013, p. 612). Mais recentemente, o STF sinalizou no exato oposto, ao apontar que "interpretação conforme a Constituição configura claro juízo de controle de constitucionalidade" (Rcl nº 14.872, Relator Min. Gilmar Mendes, Segunda Turma, julgado em 31/05/2016).

[73] Apesar da controvérsia, alega-se que as normas anteriores à Constituição não se sujeitam à declaração de inconstitucionalidade, mas sim a um juízo sobre a sua (não) recepção perante a nova ordem jurídica. Assim, seria dispensável a cláusula de reserva de plenário.

matéria, poderá o relator autorizar a manifestação de outros órgãos ou entidades (art. 950, §§ 2º e 3º, do NCPC). A conclusão do procedimento se dá com o julgamento da questão constitucional.

Quanto ao julgamento, caberá ao plenário ou órgão especial quando houver (art. 93, IX, CF/88) declarar a inconstitucionalidade do ato desafiado se considerar que ele contrasta com o texto constitucional. Há aqui um importante detalhe: é apenas a questão constitucional que é resolvida pelo plenário ou órgão especial (a tese) e não o caso concreto. Assim, após a resolução do incidente, o processo é devolvido ao órgão fracionário para conclusão do julgamento (o caso concreto).

Novo Código de Processo Civil
Art. 948. Arguida, em controle difuso, a inconstitucionalidade de lei ou de ato normativo do poder público, o relator, após ouvir o Ministério Público e as partes, submeterá a questão à turma ou à câmara à qual competir o conhecimento do processo.
Art. 949. Se a arguição for:
I – rejeitada, prosseguirá o julgamento;
II – acolhida, a questão será submetida ao plenário do tribunal ou ao seu órgão especial, onde houver.
Parágrafo único. Os órgãos fracionários dos tribunais não submeterão ao plenário ou ao órgão especial a arguição de inconstitucionalidade quando já houver pronunciamento destes ou do plenário do Supremo Tribunal Federal sobre a questão.
Art. 950. Remetida cópia do acórdão a todos os juízes, o presidente do tribunal designará a sessão de julgamento.
§ 1º As pessoas jurídicas de direito público responsáveis pela edição do ato questionado poderão manifestar-se no incidente de inconstitucionalidade se assim o requererem, observados os prazos e as condições previstos no regimento interno do tribunal.
§ 2º A parte legitimada à propositura das ações previstas no art. 103 da Constituição Federal poderá manifestar-se, por escrito, sobre a questão constitucional objeto de apreciação, no prazo previsto pelo regimento interno, sendo-lhe assegurado o direito de apresentar memoriais ou de requerer a juntada de documentos.
§ 3º Considerando a relevância da matéria e a representatividade dos postulantes, o relator poderá admitir, por despacho irrecorrível, a manifestação de outros órgãos ou entidades.

5. Instrumentos

Pode ser empregada como instrumento do controle difuso **qualquer ação judicial**,[74] inclusive ação rescisória, embargos a execução, mandado de segurança, etc. Destaque-se que, pelo caráter difuso, qualquer ação judicial pode possuir, como questão prejudicial, o reconhecimento de uma inconstitucionalidade ocorrida.

Os remédios constitucionais, pela sua ínsita celeridade, são os instrumentos mais empregados (mandado de segurança, *habeas corpus*, *habeas data*, ação popular, ação civil pública, mandado de injunção).

6. Efeitos (da decisão)

No controle difuso, não há declaração de inconstitucionalidade no dispositivo da decisão,[75] mas apenas o reconhecimento do vício e o afastamento do ato contrário à Constituição para que o direito concretamente violado ou ameaçado seja protegido. De forma didática, é possível expor os efeitos da decisão em controle difuso da seguinte forma:

(1º) **Efeitos *inter partes***: o resultado do processo atinge apenas as partes envolvidas no caso a ser decidido. Assim, o ato inconstitucional continua produzindo efeitos para outros sujeitos que não tenham participado do processo. "Vê-se, por conseguinte, que é decorrência natural do controle incidental de constitucionalidade, nos países que não adotam o princípio do *stare decisis*, a possibilidade de existência de leis ou atos normativos inconstitucionais para uns e constitucionais para outros".[76]

• **Abstrativização**: novamente é preciso alertar para a crescente abstrativização do controle difuso, já que o resultado do recurso extraordinário é vinculante para a Administração Pública e para o Poder Judiciário.[77] Verifica-se uma "progressiva escalada" rumo à "objetivação" do controle incidental de constitucionalidade.[78]

---

[74] BARROSO, Luís Roberto. *O controle de constitucionalidade no direito brasileiro*. 5. ed. São Paulo: Saraiva, 2011, p. 113.

[75] BARROSO, Luís Roberto. *O controle de constitucionalidade no direito brasileiro*. 5. ed. São Paulo: Saraiva, 2011, p. 146.

[76] CUNHA JR, Dirley da. *Controle de constitucionalidade: teoria e prática*. 8. ed. Salvador: JusPodivm, 2016.

[77] O tema já era apontado pela doutrina ao criticar a ausência do stare decisis no Brasil: "esse modo de pensar já não é compatível com o atual sistema normativo, que, sob um olhar mais abrangente, revela a eficácia dessas decisões quando proferidas pelo STF, não é tão restrita

(2º) **Efeitos *ex tunc***: como regra, a decisão que reconhece a inconstitucionalidade produz efeitos retroativos, já que o ato inconstitucional é ato nulo (teoria da nulidade).[79] Assim, o ato é considerado inconstitucional desde a sua origem para aquele caso concreto.

- **Modulação de efeitos**: corrente majoritária aceita a utilização da técnica da modulação de efeitos no controle difuso de constitucionalidade, ainda que a previsão legal conste no art. 27 da Lei nº 9.868/99. Já se admitiu efeitos *ex nunc* (STF, RE nº 442.683/RJ) e efeitos prospectivos (STF, RE nº 197.917/SP). O Novo Código de Processo Civil derruba as divergências e expressamente admite a modulação (art. 927, § 3º, do NCPC).

Como a decisão tomada no controle difuso não produz efeitos para todos, o sistema constitucional prevê um mecanismo que autoriza a generalização da decisão. Trata-se da possibilidade de suspensão da execução da lei pelo Senado Federal (art. 52, X, da CF/88).[80] Assim, quando uma lei é declarada inconstitucional por decisão definitiva do STF, o Senado Federal poderá suspender a sua execução. Neste caso, a lei continuará em vigor, mas não produzirá mais efeitos. Assim, a decisão que antes era *inter partes* se torna *erga omnes*. Trata-se, para a corrente majoritária,[81] de um ato de conveniência e oportunidade do Senado Federal.

A resolução suspensiva do Senado Federal não atinge apenas leis federais, ou seja, pode abranger qualquer lei – Federal, Estadual, Municipal ou Distrital. É que se trata de um ato político de comple-

---

como aparenta ser. Pelo contrário, elas produzem efeitos indiretos, cujas consequências aproximam o sistema brasileiro da doutrina do stare decisis" (ZAVASCKI, Teori Albino. *Eficácia das sentenças na jurisdição constitucional*. 3. ed. São Paulo: Revista dos Tribunais, 2014, p. 30). Mais adiante, na mesma obra, o autor destaca três situações em que o pronunciamento judicial em controle difuso tomado pelo STF teria eficácia para além dos envolvidos na causa: (a) permitir que o Senado suspenda a eficácia da norma inconstitucional; (b) vincular os demais tribunais; (c) formar precedente (p. 31-37).

[78] ZAVASCKI, Teori Albino. *Eficácia das sentenças na jurisdição constitucional*. 3. ed. São Paulo: Revista dos Tribunais, 2014, p. 51. Vide também o levantamento doutrinário feito em: JOBIM, Marco Félix. *Medidas estruturantes: da Suprema Corte Estadunidense ao Supremo Tribunal Federal*. Porto Alegre: Livraria do Advogado, 2013, p. 150-156.

[79] CLÈVE, Clèmerson Merlin. *A fiscalização abstrata da constitucionalidade no direito brasileiro*. 2. ed. São Paulo: Revista dos Tribunais, 2000, p. 113.

[80] "Certamente, para contornar a inviabilidade do efeito vinculante nas decisões de inconstitucionalidade pronunciadas, pelo Supremo Tribunal Federal, o Constituinte de 1934 (art. 91, IV, da Constituição) outorgou ao Senado competência para, suspendendo a execução do ato normativo, conferir efeito erga omnes à decisão definitiva da Excelsa Corte" (CLÈVE, Clèmerson Merlin. *A fiscalização abstrata da constitucionalidade no direito brasileiro*. 2. ed. São Paulo: Revista dos Tribunais, 2000, p. 115).

[81] Clémerson Clève defende que o ato possui natureza política (CLÈVE, Clèmerson Merlin. *A fiscalização abstrata da constitucionalidade no direito brasileiro*. 2. ed. São Paulo: Revista dos Tribunais, 2000, p. 121). No mesmo sentido: BARROSO, Luís Roberto. *O controle de constitucionalidade no direito brasileiro*. 5. ed. São Paulo: Saraiva, 2011, p. 151.

mentação do Poder Judiciário, e não de um "processo legislativo federal". O Senado Federal, porém, não atua no caso de norma "não recepcionada", porque a atuação deste órgão se restringe à declaração de inconstitucionalidade. *É possível, então, a suspensão parcial do ato normativo declarado inconstitucional?* A resposta é afirmativa, mas é preciso cautela: o Senado Federal somente pode suspender parcialmente uma norma que tenha sido declarada parcialmente inconstitucional. Noutros termos: não pode ir além ou aquém daquilo que foi fixado pelo STF.[82]

Por fim, não pode o Supremo Tribunal Federal atribuir eficácia *erga omnes* à decisão em controle difuso sem que haja remessa para o Senado Federal. Houve, porém, interessantíssimo debate doutrinário após manifestação favorável de dois Ministros do STF (Gilmar Mendes e Eros Roberto Grau) no sentido de que, mesmo em controle difuso, as decisões tomadas deveriam ser observadas por todos. Aliás, para o Ministro Gilmar Mendes, teria havido uma verdadeira "mutação constitucional" no art. 52, X, da CF/88. Essa tese, porém, não vingou, especialmente em razão do voto do Min. Teori Zavascki (STF, Rcl nº 4.335/AC), senão vejamos:

> Reclamação. 2. Progressão de regime. Crimes hediondos. 3. Decisão reclamada aplicou o art. 2º, § 2º, da Lei nº 8.072/90, declarado inconstitucional pelo Plenário do STF no HC 82.959/SP, Rel. Min. Marco Aurélio, DJ 1.9.2006. 4. Superveniência da Súmula Vinculante n. 26. 5. Efeito ultra partes da declaração de inconstitucionalidade em controle difuso. Caráter expansivo da decisão. 6. Reclamação julgada procedente. (Rcl 4335, Relator: Min. GILMAR MENDES, Tribunal Pleno, julgado em 20/03/2014).

---

[82] Em posição contrária, apontando que o "Senado não é mero órgão chancelador das decisões da Corte Suprema", vide: TEMER, Michel. *Elementos de direito constitucional.* 24. ed. São Paulo: Malheiros 2012, p. 49.

Capítulo 5

Controle concentrado de constitucionalidade brasileiro

1. Conceito

O *controle concentrado* é aquele que somente pode ser realizado por um órgão judicial específico, também denominado de sistema reservado. É adotado no sistema constitucional brasileiro para determinadas ações que somente podem ser propostas perante o Supremo Tribunal Federal ou perante os Tribunais de Justiça (controle estadual).

Para um segmento da doutrina, o controle concentrado está presente na ordem jurídica brasileira desde 1934, através da então denominada representação interventiva. O seu fortalecimento, porém, ocorreu com a Emenda Constitucional nº 16 de 1965, que incorporou o sistema austríaco (ou europeu) de controle de constitucionalidade no direito brasileiro, prevalecendo este como marco inicial do controle concentrado brasileiro (EC nº 16/65).

O controle concentrado é realizado com exclusividade pelo Supremo Tribunal Federal (art. 102, I, *a*, da CF/88) ou pelos Tribunais de Justiça (art. 125, § 2º, da CF/88) e é pautado por um exame abstrato do ato contestado em face da Constituição. Assim, a questão principal é a presença, ou não, da inconstitucionalidade do ato do Poder Público e, com isto, o controle concentrado é sempre realizado por via principal, através de ações judiciais específicas.

2. Finalidade

A finalidade do controle concentrado é o reconhecimento da constitucionalidade ou inconstitucionalidade de determinado ato do Poder Público em face da Constituição. Trata-se, portanto, de um **instrumento de proteção da ordem constitucional** como um todo e, principalmente, da supremacia da Constituição. Como existem vários instrumentos diferentes de controle concentrado (ações diretas), cada um possuirá finalidades mais específicas.

3. Legitimidade

A regra geral sobre a legitimidade do controle concentrado de constitucionalidade é tratada no regramento da ação direta de inconstitucionalidade (art. 103 da CF/88). Cumpre lembrar que, como se trata de um processo constitucional objetivo, a doutrina indica que não se trata de partes propriamente,[83] mas meros legitimados ativos.

A jurisprudência do STF diferencia dois grupos de legitimados a partir de uma interpretação sistemática do texto constitucional. Desse modo, exige-se que alguns legitimados demonstrem a **pertinência temática** da sua atuação, isto é, o nexo entre o ato combatido e os seus objetivos institucionais específicos.[84]

(a) **Legitimados ativos universais**: podem dar início ao controle concentrado sem demonstrar a pertinência temática.

(b) **Legitimados ativos especiais**: apenas podem dar início ao controle concentrado mediante demonstração da pertinência temática. São os seguintes: (a) Mesa da Assembleia Legislativa ou da Câmara Legislativa do DF; (b) Governador do Estado ou do DF; (c) confederação sindical ou entidade de classe de âmbito nacional.

A legitimidade ativa no âmbito do controle concentrado, ressalvada eventual modelagem estadual, é extraída dos sujeitos autorizados a propor ação direta de inconstitucionalidade (art. 103 da CF/88). São os seguintes:

(1º) **Presidente da República**: trata-se da autoridade máxima do Governo Federal.

(2º) **Mesa do Senado**: trata-se da autoridade máxima do Senado Federal.

(3º) **Mesa da Câmara dos Deputados**: trata-se da autoridade máxima da Câmara dos Deputados. Vale destacar que a Mesa do Congresso Nacional não possui legitimidade para dar início ao controle concentrado. Nem o presidente da Câmara dos Deputados, nem o Presidente

---

[83] CLÈVE, Clèmerson Merlin. *A fiscalização abstrata da constitucionalidade no direito brasileiro*. 2. ed. São Paulo: Revista dos Tribunais, 2000, p. 142; ZAVASCKI, Teori Albino. *Eficácia das sentenças na jurisdição constitucional*. 3. ed. São Paulo: Revista dos Tribunais, 2014, p. 54.

[84] MENDES, Gilmar Ferreira. *Jurisdição constitucional: o controle abstrato de normas no Brasil e na Alemanha*. 6. ed. São Paulo: Saraiva, 2014, p. 199.

do Senado Federal possuem essa legitimidade (pelo menos em razão das suas funções).
(4º) **Mesa de Assembleia Legislativa ou da Câmara Legislativa do Distrito Federal**: trata-se de legitimados especial que devem demonstrar a pertinência temática;
(5º) **Governador de Estado ou do Distrito Federal**: trata-se de mais um legitimado especial e que deverá demonstrar a pertinência temática. Nada impede que o Governador proponha Ação Direta de Inconstitucionalidade em face de Leis Federais ou Leis Estaduais de outros entes políticos (desde que demonstre a pertinência temática).
(6º) **Procurador-Geral da República**: é o mais antigo legitimado. Possuía, na Constituição anterior legitimidade exclusiva. Enquanto fiscal da ordem jurídica, não precisa demonstrar a pertinência temática.
(7º) **Conselho Federal da Ordem dos Advogados do Brasil**: trata-se da entidade máxima representativa dos advogados privados brasileiros (tem-se como legitimado em razão de representar uma categoria que a própria Constituição Federal considerou como função essencial à justiça).
(8º) **Partido político com representação no Congresso Nacional**: significa que o partido deve possuir, no mínimo, um Deputado ou Senador eleito no Congresso Nacional. Registre-se que a ausência superveniente dessa representação não é causa prejudicial de eventual ação ajuizada, uma vez que a legitimação é aferida é no momento da propositura da ação.
(9º) **Confederação sindical ou entidade de classe de âmbito nacional**: a confederação sindical é aquela com o devido registro do Estatuto no Ministério do Trabalho e deverá possuir âmbito nacional. Assim, federações e sindicatos nacionais não possuem legitimidade para dar início ao controle concentrado. Quanto à entidade de classe de âmbito nacional, trata-se de entidade representativa de categoria profissional ou atividade econômica. A entidade, porém, devem representar toda uma categoria, sob pena de não ser considerada de âmbito nacional.[85] Assim, p. ex., a AJUFE não tem legitimidade para defender os interesses da magistratura como um todo, posto que representa apenas os juízes federais. O mesmo não se diga quanto à AMB (Associação dos Magistrados Brasileiros).

---

[85] A respeito do tema, confira-se a listagem feita por Gilmar Mendes acerca de confederações e entidades de classe cuja legitimidade foi negada pelo Supremo Tribunal Federal: MENDES, Gilmar Ferreira. *Jurisdição constitucional*: o controle abstrato de normas no Brasil e na Alemanha. 6. ed. São Paulo: Saraiva, 2014, p. 188, nota 79. Na mesma obra, identifica-se catálogo de entidades cuja legitimidade foi aceita pelo STF (idem, p. 197, nota 84).

4. Competência

A competência para o controle concentrado de constitucionalidade é atribuída a órgão específico destinado a essa fiscalização. Na ordem jurídica brasileira, o controle concentrado é exercido preponderantemente pelo **Supremo Tribunal Federal** – órgão de cúpula do Poder Judiciário (art. 102, I, *a*, *p*, da CF/88). É possível também que o controle concentrado seja exercido pelos **Tribunais de Justiça** dos Estados Federados em razão da existência de leis estaduais e constituições estaduais (art. 125, § 2°, da CF/88).[86]

5. Instrumentos

A ordem jurídica brasileira é abundante em instrumentos de controle de constitucionalidade concentrado. As seguintes ações são consideradas parte desse sistema de fiscalização das normas jurídicas:

(1°) **Ação direta de inconstitucionalidade** (ADI): busca a declaração de inconstitucionalidade de determinada norma jurídica em face da Constituição. É tratada na Lei n° 9.868/99.

(2°) **Ação declaratória de constitucionalidade** (ADC): busca a declaração de constitucionalidade de determinada norma jurídica em face da Constituição. É tratada na Lei n° 9.868/99.

(3°) **Ação direta de inconstitucionalidade por omissão** (ADO): busca a declaração de inconstitucionalidade da omissão do Poder Público na regulamentação da Constituição. É tratada na Lei n° 9.868/99 com redação dada pela Lei n° 12.063/09.

(4°) **Arguição de descumprimento de preceito fundamental** (ADPF): busca evitar ou reparar lesão a preceito fundamental, resultante de ato do Poder Público. É tratada na Lei n° 9.882/99.

(5°) **Representação interventiva**: é ação destinada à resolução de grave conflito federativo entre a União e os Estados ou o Distrito Federal e que pode resultar na intervenção federal da União neles para assegurar a observância dos princípios constitucionais sensíveis (art. 34, VII, da CF/88). Trata-se de controle concreto e concentrado e é tratado na Lei n° 12.562/11.

(6°) **Ações de inconstitucionalidade dos Estados-Membros**: todas as ações acima podem ser espelhadas perante os Estado-Membros, em

---

[86] BARROSO, Luís Roberto. *O controle de constitucionalidade no direito brasileiro.* 5. ed. São Paulo: Saraiva, 2011, p. 177-178.

razão do modelo federativo brasileiro, hipótese que dependerá de um exame das constituições e leis estaduais.

6. Efeitos (da decisão)

Sem prejuízo de uma análise mais detida quanto aos efeitos da decisão em cada um dos instrumentos do controle concentrado, merecem destaque as características essenciais dos pronunciamentos decorrentes dessa forma de controle:

(1º) **Efeito *erga omnes***: o reconhecimento da constitucionalidade ou da inconstitucionalidade[87] atinge "todos os possíveis destinatários da norma",[88] e não apenas os sujeitos do processo.

(2º) **Efeito vinculante**: o reconhecimento da constitucionalidade ou da inconstitucionalidade é de observância obrigatória. Trata-se de vinculação ao que foi decidido pelo Supremo Tribunal Federal ou pelos Tribunais de Justiça. Aliás, quanto à ADI e à ADC, há expressa referência na Constituição Federal no sentido de que as decisões "produzirão eficácia contra todos e efeito vinculante, relativamente aos demais órgãos do Poder Judiciário e à administração pública direta e indireta, nas esferas federal, estadual e municipal" (art. 102, § 2º, da CF/88), não alcançando o Poder Legislativo e o plenário do próprio STF.

(3º) **Efeito *ex tunc***: como regra, a decisão que reconhece a inconstitucionalidade produz efeitos retroativos, já que o ato inconstitucional é ato nulo (teoria da nulidade).[89] Assim, o ato é considerado inconstitucional desde a sua origem.

- **Modulação de efeitos**: plenamente possível e amplamente aceita a modulação de efeitos da decisão no controle concentrado (art. 27 da Lei nº 9.868/99). Já se empregou amplamente efeitos *ex nunc*, não

---

[87] "A sentença que afirma a constitucionalidade da norma tem natureza declaratória: ela declara que a norma é compatível com a Constituição e, consequentemente, é válida a sua presença no ordenamento jurídico. Da mesma forma, é declaratória a sentença que afirma a inconstitucionalidade. É que o vício da inconstitucionalidade acarreta a nulidade da norma e, portanto, a sua exclusão do ordenamento, conforme orientação assentada há muito tempo no STF e abonada pela doutrina dominante entre nós" (ZAVASCKI, Teori Albino. *Eficácia das sentenças na jurisdição constitucional*. 3. ed. São Paulo: Revista dos Tribunais, 2014, p. 62).

[88] ZAVASCKI, Teori Albino. *Eficácia das sentenças na jurisdição constitucional*. 3. ed. São Paulo: Revista dos Tribunais, 2014, p. 64.

[89] Ao defender a diferença entre *eficácia normativa* e *eficácia executiva* do pronunciamento do STF, Teori Zavascki defendia que a eficácia normativa, isto é, o reconhecimento da (in)constitucionalidade sempre produziria efeito retroativo, sem exceção alguma. Acrescentava, então, que a modulação de efeitos atingiria apenas o plano executório, isto é, os efeitos concretos (as situações no mundo da vida atingidas pela pronúncia da constitucionalidade) da decisão (ZAVASCKI, Teori Albino. *Eficácia das sentenças na jurisdição constitucional*. 3. ed. São Paulo: Revista dos Tribunais, 2014, p.73-74).

havendo óbice para que haja, inclusive, efeitos prospectivos (*pro futuro*).[90] De fato, o poder de modulação em sede de controle concentrado é amplo.
- **Efeito repristinatório**: quando a lei declarada inconstitucional havia revogado lei anterior, a declaração de inconstitucionalidade com efeito *ex tunc* provoca o renascimento da lei revogada.[91] Trata-se do chamado efeito repristinatório: "A decisão do Supremo Tribunal Federal que declara, em sede de fiscalização abstrata, a inconstitucionalidade de determinado diploma normativo tem o condão de provocar a repristinação dos atos estatais anteriores que foram revogados pela lei proclamada inconstitucional " (STF, ADI n° 3.148/TO). Cumpre deixar registrado que "efeito repristinatório" é distinto de "repristinação". De acordo com a LINDB (Lei de Introdução às Normas do Direito Brasileiro), Decreto-Lei n° 4.657/42, o Direito Brasileiro, salvo disposição expressa em contrário, não admite repristinação, de acordo com o art. 2°, § 3°: "a lei revogada não se restaura por ter a lei revogadora perdido a vigência". Com efeito, são situações distintas: a "repristinação" no âmbito do Poder Legislativo, o "efeito repristinatório" no Poder Judiciário; a "repristinação", como regra, inadmitida, o "efeito repristinatório", aceito.

---

[90] ADI 3022, Relator Min. JOAQUIM BARBOSA, Tribunal Pleno, julgado em 02/08/2004.
[91] CLÈVE, Clèmerson Merlin. *A fiscalização abstrata da constitucionalidade no direito brasileiro*. 2. ed. São Paulo: Revista dos Tribunais, 2000, p. 249.

Capítulo 6

Ação direta de inconstitucionalidade

1. Introdução

É a ação que, por excelência, busca contrastar norma jurídica com a Constituição de modo a identificar a presença, ou não, de uma inconstitucionalidade. É assim que, através da ação direta de inconstitucionalidade se busca a declaração de que a norma é contrária ao texto constitucional.

2. Cabimento (parâmetro e objeto)

Para que seja possível o manejo da ação direta, isto é, o seu cabimento, cumpre identificar quais atos do Poder Público podem ser desafiados e qual a norma jurídica que foi violada. Essa norma de referência será considerada o parâmetro de constitucionalidade, enquanto a identificação do ato combatido diz respeito ao objeto da ação. Em síntese, parâmetro e objeto adequados confirmam o cabimento da ação direta de inconstitucionalidade.

O **parâmetro constitucional**, na ação direta de inconstitucionalidade, é qualquer norma constitucional. Assim, toda norma jurídica qualificada como constitucional pode servir como referência para identificar se outra norma é, ou não, contrária à Constituição. Assim, além da parte principal (art. 1º até 250 da CF/88), pode ser invocada violação às emendas constitucionais, ao ADCT ou aos tratados "constitucionalizados".[92] *Não são admitidas como parâmetro*: preâmbulo; norma constitucional revogada; norma de Constituição anterior, norma de Constituição estadual (em ADI perante o STF).

---

[92] Assim: "afigura-se inequívoco que o Tratado de Direitos Humanos que vier a ser submetido a esse procedimento especial de aprovação configurará, para todos os efeitos, parâmetro de controle das normas infraconstitucionais" (MENDES, Gilmar Ferreira. *Jurisdição constitucional*: o controle abstrato de normas no Brasil e na Alemanha. 6. ed. São Paulo: Saraiva, 2014, p. 269).

Para a corrente majoritária, a **revogação superveniente do parâmetro** no curso da ação é causa prejudicial superveniente. Desse modo, a ação deverá ser extinta sem exame de mérito em razão da prejudicialidade. Registra-se que a posição merece crítica, já que a inconstitucionalidade de uma norma é inata e, também, poderá ter regulado situações anteriores à revogação do parâmetro. Por essa e outras razões, um segmento defende o "princípio da contemporaneidade", segundo o qual o juízo de inconstitucionalidade deve observar o parâmetro vigente à época da edição do ato normativo. Há, inclusive, relevante julgado do STF nesse mesmo sentido (STF, ADI nº 2.158/PR). Confira-se:

> Ação Direta de Inconstitucionalidade. AMB. Lei nº 12.398/98-Paraná. Decreto estadual nº 721/99. Edição da EC nº 41/03. Substancial alteração do parâmetro de controle. Não ocorrência de prejuízo. Superação da jurisprudência da Corte acerca da matéria. Contribuição dos inativos. Inconstitucionalidade sob a EC nº 20/98. Precedentes. 1. Em nosso ordenamento jurídico, não se admite a figura da constitucionalidade superveniente. Mais relevante do que a atualidade do parâmetro de controle é a constatação de que a inconstitucionalidade persiste e é atual, ainda que se refira a dispositivos da Constituição Federal que não se encontram mais em vigor. Caso contrário, ficaria sensivelmente enfraquecida a própria regra que proíbe a convalidação. 2. A jurisdição constitucional brasileira não deve deixar às instâncias ordinárias a solução de problemas que podem, de maneira mais eficiente, eficaz e segura, ser resolvidos em sede de controle concentrado de normas. 3. A Lei estadual nº 12.398/98, que criou a contribuição dos inativos no Estado do Paraná, por ser inconstitucional ao tempo de sua edição, não poderia ser convalidada pela Emenda Constitucional nº 41/03. E, se a norma não foi convalidada, isso significa que a sua inconstitucionalidade persiste e é atual, ainda que se refira a dispositivos da Constituição Federal que não se encontram mais em vigor, alterados que foram pela Emenda Constitucional nº 41/03. Superada a preliminar de prejudicialidade da ação, fixando o entendimento de, analisada a situação concreta, não se assentar o prejuízo das ações em curso, para evitar situações em que uma lei que nasceu claramente inconstitucional volte a produzir, em tese, seus efeitos, uma vez revogada as medidas cautelares concedidas já há dez anos. 4. No mérito, é pacífica a jurisprudência desta Corte no sentido de que é inconstitucional a incidência, sob a égide da EC nº 20/98, de contribuição previdenciária sobre os proventos dos servidores públicos inativos e dos pensionistas, como previu a Lei nº 12.398/98, do Estado do Paraná (cf. ADI nº 2.010/DF-MC, Relator o Ministro Celso de Mello, DJ de 12/4/02; e RE nº 408.824/RS-AgR, Segunda Turma, Relator o Ministro Eros Grau, DJ de 25/4/08). 5. É igualmente inconstitucional a incidência, sobre os proventos de inativos e pensionistas, de contribuição compulsória para o custeio de serviços médico-hospitalares (cf. RE nº 346.797/RS-AgR, Relator o Ministro Joaquim Barbosa, Primeira Turma, DJ de 28/11/03; ADI nº 1.920/BA-MC, Relator o Ministro Nelson Jobim, DJ de 20/9/02). 6. Declaração de inconstitucionalidade por arrastamento das normas impugnadas do decreto regulamentar, em virtude da relação de dependência com a lei impugnada. Precedentes. 7. Ação direta de inconstitucionalidade

julgada parcialmente procedente (ADI 2158, Relator Min. DIAS TOFFOLI, Tribunal Pleno, julgado em 15/09/2010).

O **objeto do controle**, por outro lado, é a "lei ou ato normativo federal ou estadual" (art. 102, I, "a", CF/88). Somente leis e atos normativos podem ter a inconstitucionalidade reconhecida através de ação direta de inconstitucionalidade. A definição de lei e ato normativo não é tão simples quanto aparenta. Algumas proposições se inserem com obviedade no conceito, outras exigem uma reflexão da jurisprudência do Supremo Tribunal Federal.

São considerados leis ou atos normativos: (a) emendas à Constituição Federal, inclusive os tratados de direitos humanos incorporados com hierarquia de norma constitucional (art. 5º, § 3º, da CF/88);[93] (b) leis ordinárias; (c) leis delegadas; (d) leis complementares; (e) decretos legislativos; (f) resoluções da Câmara dos Deputados, do Senado Federal, do Congresso Nacional; (g) medidas provisórias; (h) resoluções do CNJ ou do CNMP (quando o caráter normativo decorrer diretamente da Constituição); (i) regimentos internos; (j) tratados e convenções internacionais incorporados ao direito interno; (k) atos do Poder Executivo com força normativa (ex: decreto autônomo), inclusive decretos, portarias etc.; (l) atos normativos primários editados por pessoas jurídicas de direito público. O traço marcante de todas as normas referidas é sua **generalidade** e **abstração**.[94] Acrescente-se que, em todas as hipóteses, é necessário que haja violação direta à Constituição. Nesse sentido, a *inconstitucionalidade reflexa* não autoriza o emprego da ação direta de inconstitucionalidade. Não se pode desconsiderar, porém, que em determinadas situações haverá um limite hermenêutico tênue entre a inconstitucionalidade direta e a reflexa.[95]

Tradicionalmente, a jurisprudência da Suprema Corte era contrária ao cabimento de ação direta de inconstitucionalidade contra leis de efeitos concretos porque ausente a generalidade e abstração típica das leis ou atos normativos. A doutrina da época, contudo, criticava a postura.[96] Em 2008, porém, o Supremo Tribunal Federal, na ADI nº 4.048/DF e na ADI nº 4.049/MC-DF, mudou de posição

---

[93] BARROSO, Luís Roberto. *O controle de constitucionalidade no direito brasileiro*. 5. ed. São Paulo: Saraiva, 2011, p. 202.

[94] CLÈVE, Clèmerson Merlin. *A fiscalização abstrata da constitucionalidade no direito brasileiro*. 2. ed. São Paulo: Revista dos Tribunais, 2000, p. 189.

[95] STRECK, Lenio Luiz. *Jurisdição constitucional e decisão jurídica*. 3. ed. São Paulo: Revista dos Tribunais, 2013, p. 722.

[96] CLÈVE, Clèmerson Merlin. *A fiscalização abstrata da constitucionalidade no direito brasileiro*. 2. ed. São Paulo: Revista dos Tribunais, 2000, p. 192; MENDES, Gilmar Ferreira. *Jurisdição cons-*

ao considerar admissível ação direta de inconstitucionalidade para questionar a constitucionalidade de leis orçamentárias e que, por excelência, são consideradas leis de efeitos concretos. Desse modo, atualmente, até mesmo as leis de efeitos concretos podem ser contestadas via ação direta (STF, ADI n° 4.048/DF; ADI n° 4.049/DF). Veja-se:

> CONSTITUCIONAL. MEDIDA CAUTELAR EM AÇÃO DIRETA DE INCONSTITUCIONALIDADE. MEDIDA PROVISÓRIA Nº 402, DE 23 DE NOVEMBRO DE 2007, CONVERTIDA NA LEI Nº 11.656, DE 16 DE ABRIL DE 2008. ABERTURA DE CRÉDITO EXTRAORDINÁRIO. AUSÊNCIA DOS REQUISITOS CONSTITUCIONAIS DA IMPREVISIBILIDADE E DA URGÊNCIA (§ 3º DO ART. 167 DA CF), CONCOMITANTEMENTE. 1. A lei não precisa de densidade normativa para se expor ao controle abstrato de constitucionalidade, devido a que se trata de ato de aplicação primária da Constituição. Para esse tipo de controle, exige-se densidade normativa apenas para o ato de natureza infralegal. Precedente: ADI 4.048-MC. 2. Medida provisória que abre crédito extraordinário não se exaure no ato de sua primeira aplicação. Ela somente se exaure ao final do exercício financeiro para o qual foi aberto o crédito extraordinário nela referido. Hipótese em que a abertura do crédito se deu nos últimos quatro meses do exercício, projetando-se, nos limites de seus saldos, para o orçamento do exercício financeiro subseqüente (§ 2º do art. 167 da CF). 3. A conversão em lei da medida provisória que abre crédito extraordinário não prejudica a análise deste Supremo Tribunal Federal quanto aos vícios apontados na ação direta de inconstitucionalidade. 4. A abertura de crédito extraordinário para pagamento de despesas de simples custeio e investimentos triviais, que evidentemente não se caracterizam pela imprevisibilidade e urgência, viola o § 3º do art. 167 da Constituição Federal. Violação que alcança o inciso V do mesmo artigo, na medida em que o ato normativo adversado vem a categorizar como de natureza extraordinária crédito que, em verdade, não passa de especial, ou suplementar. 5. Medida cautelar deferida (ADI 4049 MC, Relator(a): Min. CARLOS BRITTO, Tribunal Pleno, julgado em 05/11/2008).

Ademais, admite-se, atualmente, o controle dos pressupostos constitucionais para a edição de medida provisória (relevância e urgência), mas apenas em caráter excepcional (STF, ADI n° 2.213/DF). Caso a medida provisória perca seus efeitos, a ação perderá o objeto. Caso a medida seja convertida em lei, é possível (ou até mesmo necessário) o aditamento da petição inicial.[97] Acrescente-se que a conversão da medida provisória em lei não convalida os seus vícios originários (STF, ADI-MC n° 3.100/DF).

---

titucional: o controle abstrato de normas no Brasil e na Alemanha. 3. ed. São Paulo: Saraiva, 1999, p.162.

[97] Fica, porém, o alerta: "afigura-se recomendável que se admita o prosseguimento da ADIn contra medida provisória convertida em lei, desde que a conversão não introduza alterações que afetem a substância da decisão de caráter normativo contida na medida provisória" (MENDES, Gilmar Ferreira. *Jurisdição constitucional*: o controle abstrato de normas no Brasil e na Alemanha. 6. ed. São Paulo: Saraiva, 2014, p. 249).

Outro caso interessante merece destaque. Edital de concurso público, em princípio, deveria ser considerado um ato normativo secundário e, portanto, não poderia ser objeto da ação de inconstitucionalidade. Porém, a Suprema Corte já considerou que concurso editado pela Corregedoria-Geral de Justiça de Alagoas possuía autonomia e referibilidade direta à Constituição Federal, autorizando o emprego de ação direta de inconstitucionalidade (STF, ADI nº 2.206-MC/AL).

A inconstitucionalidade deve dizer respeito a normas federais ou estaduais. Há, com isso, mais uma limitação ao emprego da ação direta de inconstitucionalidade. Vale lembrar que o Distrito Federal possui competência para a elaboração de normas estaduais que, por conseguinte, também podem ser objeto de controle. Não cabe ação direta em face de leis ou atos normativos municipais. Também não cabe quando o Distrito Federal exerce a competência normativa municipal (Súmula nº 642 do STF).[98]

Não podem ser objeto da ação de inconstitucionalidade: (a) normas constitucionais originárias; (b) atos normativos secundários (ex: regulamentos);[99] (c) atos normativos anteriores ao parâmetro constitucional (vedação à inconstitucionalidade superveniente); (d) atos normativos revogados; (e) súmulas e súmulas vinculantes; (f) atos normativos de particulares.

Pelo relevo da questão, reafirma-se que atos normativos anteriores ao parâmetro constitucional não comportam controle por ADI. Conforme já adiantado, o STF não admite a inconstitucionalidade superveniente e considera que a questão deve ser resolvida através das regras de direito intertemporal. Trata-se de jurisprudência "cinquentenária" e que foi reafirmada nos primeiros debates após o advento da Constituição atual (STF, ADI nº 02/DF).[100] Isso não significa, porém, que não haja outro instrumento de

---

[98] MENDES, Gilmar Ferreira. *Jurisdição constitucional*: o controle abstrato de normas no Brasil e na Alemanha. 6. ed. São Paulo: Saraiva, 2014, p. 221.

[99] A justificativa é a seguinte: é que eles "não podem validamente inovar na ordem jurídica, estando subordinados à lei. Desse modo, não se estabelece confronto direto entre eles e a Constituição. Havendo contrariedade, ocorrerá uma de duas hipóteses: (i) o ato administrativo está em desconformidade com a lei que lhe cabia regulamentar, o que caracterizaria ilegalidade e não inconstitucionalidade; (ii) ou é a própria lei que está em desconformidade com a Constituição, situação em que ela é que deverá ser objeto de impugnação" (BARROSO, Luís Roberto. *O controle de constitucionalidade no direito brasileiro*. 5. ed. São Paulo: Saraiva, 2011, p. 203).

[100] CLÈVE, Clèmerson Merlin. *A fiscalização abstrata da constitucionalidade no direito brasileiro*. 2. ed. São Paulo: Revista dos Tribunais, 2000, p. 220. Doutrina de peso informa que as teses da não recepção e da inconstitucionalidade não são antagônicas em si (CANOTILHO, José Joaquim Gomes. *Direito constitucional e teoria da Constituição*. 7. ed. Coimbra: Almedina, 2003, p. 1306).

controle concentrado apto a desafiar o ato, como se verá no momento oportuno.

3. Legitimidade

A legitimidade para a propositura da ação direta de inconstitucionalidade está prevista no texto constitucional (art. 103 da CF/88) e reprisada na legislação infraconstitucional (art. 2º da Lei nº 9.868/99). Aplicam-se as regras tratadas por ocasião do estudo do controle concentrado de constitucionalidade.

O *litisconsórcio ativo* – que consiste na pluralidade de sujeitos no polo ativo da demanda – é plenamente possível na ação direta de inconstitucionalidade. Isto, porém, não desobriga o legitimado a demonstrar eventual pertinência temática caso necessário.

- **Capacidade postulatória**: alguns legitimados possuem capacidade postulatória por si só e não precisam constituir advogado. Outros, porém, devem estar devidamente representados, com procuração específica para a propositura da ADI. Precisam apresentar o instrumento de mandato: (a) partido político com representação no Congresso Nacional (art. 103, VIII); (b) confederação sindical ou entidade de classe de âmbito nacional (art. 103, IX).

4. Procedimento

O procedimento da Ação Direta de Inconstitucionalidade vem basicamente previsto na Lei nº 9.868/99.

(1º) **Petição inicial**: são requisitos da petição inicial: (a) o dispositivo da lei ou do ato normativo impugnado e os fundamentos jurídicos do pedido em relação a cada uma das impugnações; (b) o pedido, com suas especificações (art. 3º da Lei nº 9.868/99). Caso necessário, deverá apresentar o instrumento de mandato – procuração (art. 3º, parágrafo único, da Lei nº 9.868/99). A inicial deve, evidentemente, apresentar o parâmetro e o objeto da ação. Algumas questões relevantes sobre a fase postulatória merecem apontamento:

- **Intervenção de terceiros**: não cabe intervenção de terceiros em ADI por expressa previsão legal nesse sentido (art. 7º da Lei nº 9.868/99). Contudo, o Novo Código de Processo Civil, em seu artigo 138, considerou o *Amicus Curiae* como uma das hipóteses de intervenção de terceiros (Título III do Código Processual). Assim, ainda que lei que regulamente a ADI expressamente vede a intervenção, diante da publicação da novel legislação processual, não há como negar a

possibilidade da admissão do *Amicus Curiae* como uma exceção (art. 7º, § 2º, da Lei nº 9.868/99).
- **Desistência**: não se admite desistência da ação já proposta por expressa previsão legal (art. 5º da Lei nº 9.868/99). Vale registrar que a regra é o oposto do que ocorre no processo civil tradicional, que admite a desistência até o saneamento.
- **Causa de pedir aberta**: prevalece no STF a posição de que a causa de pedir, na ADI, é "aberta". Assim, essa Corte não está necessariamente limitada às razões de direito que foram invocadas na inicial e, portanto, poderá utilizar outro parâmetro para julgar procedente ou improcedente a ação.[101] Questão mais polêmica diz respeito à possibilidade de modificar o objeto, mas o STF já considerou possível reconhecer a inconstitucionalidade de dispositivos não mencionados na inicial, desde que dependentes do objeto (é a denominada "inconstitucionalidade por arrastamento"). Essa posição, porém, merece acertada crítica à luz da ciência processual: a invocação de parâmetro distinto não torna a causa de pedir aberta, já que é dever do órgão judicial aplicar o direito à espécie independentemente da sua invocação pelas partes.[102] Assim, *se o pedido da ADI se limitar à declaração de inconstitucionalidade formal, pode o STF analisar a inconstitucionalidade material da lei?* Curiosamente, a resposta é negativa. Prevalece no STF o entendimento que não é possível avançar na inconstitucionalidade material caso não levantada na inicial (STF, ADI nº 2.182/DF). Os Ministros Gilmar Ferreira Mendes e Luis Roberto Barroso, em outra ação, se posicionaram pela possibilidade de adentrar na inconstitucionalidade material (STF, ADI nº 5.081/DF).

(2º) **Decisão**: o relator poderá indeferir a petição inicial em razão de inépcia, ausência de fundamentação ou manifesta improcedência (art. 4º da Lei nº 9.868/99) e, dessa decisão, caberá agravo (art. 4º, parágrafo único, Lei nº 9.868/99). Admitida a inicial, o relator deve pedir **informações** aos órgãos ou autoridades das quais emanou o ato normativo (art. 6º da Lei nº 9.868/99). Deverá, também, determinar a oitiva posterior do Advogado-Geral da União e do Procurador-Geral da República.
- **Impedimento de Ministros do STF**: na ADI e nas demais ações de controle abstrato em que o processo é eminentemente objetivo não se aplicam as regras tradicionais de impedimento e suspeição previstas no Código de Processo Civil. Algumas questões sobre o tema já foram debatidas pelo próprio STF: (a) Ministro ex-membro do Poder Executivo que participou das discussões da elaboração da norma não

---

[101] MENDES, Gilmar Ferreira. *Jurisdição constitucional*: o controle abstrato de normas no Brasil e na Alemanha. 6. ed. São Paulo: Saraiva, 2014, p. 273.
[102] SCALABRIN, Felipe. *Causa de pedir e atuação do Supremo Tribunal Federal*. Porto Alegre: Verbo Jurídico, 2013, p. 178.

está, por isso, impedido (STF, ADI n° 4/DF); (b) Ministro do Tribunal Superior Eleitoral que editou resolução normativa não está impedido para o julgamento da mesma resolução (STF, ADI n° 2.321/DF); (c) Ministro que se manifestou nos autos como Procurador-Geral da República está impedido para proferir voto posteriormente (STF, ADI n° 4/DF); (d) Ministro que se manifestou oficialmente ainda que fora dos autos como Procurador-Geral da República está impedido para proferir voto posteriormente (STF, ADI n° 55-MC-QO/DF).

(3°) **Medida cautelar**: é cabível medida cautelar em ADI. *Quanto ao julgamento*, ela deve ser tomada por maioria absoluta, presentes dois terços dos ministros (art. 10, c/c art. 22). São, portanto, oito ministros presentes e seis ministros favoráveis à medida para que seja deferida; no período do recesso e em caso de urgência, admite-se decisão isolada do relator *ad referendum* do plenário (vide ADI n° 4638/MC-DF; vide ADI n° 3273/DF). *Quanto ao procedimento*, como regra, deve ser ouvida a autoridade de que emanou o ato e, caso considere indispensável, o relator também ouvirá o AGU e o PGR. De todo modo, excepcionalmente, é possível dispensar todas as oitivas e iniciar o julgamento. A concessão da medida cautelar suspende a eficácia do ato combatido. Trata-se de decisão que produzirá efeitos para todos (*erga omnes*), vinculante e desde o deferimento (*ex nunc*).[103] É possível também efeito retroativo (*ex tunc*) (art. 11, §1°). Há, ainda, efeito repristinatório: a concessão da medida cautelar torna aplicável a legislação anterior caso existente, salvo expressa manifestação em sentido contrário (art. 11, §2°). Acrescente-se que o indeferimento da medida cautelar não gera tais efeitos.[104] Quanto à natureza da cautelar em ação de inconstitucionalidade, trata-se de verdadeira tutela provisória de urgência. A propósito: "As medidas cautelares deferidas em controle concentrado de constitucionalidade são decisões provisórias de urgência, proferidas em juízo de cognição sumária. São, portanto, decisões temporárias, necessariamente substituídas pela decisão final e definitiva nos autos" (STF, ADI n° 2381/RS). O objetivo da medida cautelar é suspender a eficácia do ato combatido e não suspender processos judiciais pendentes sobre o tema (como ocorre na ADC).

Lei 9.868/99
Art. 10. Salvo no período de recesso, a medida cautelar na ação direta será concedida por decisão da maioria absoluta dos membros do Tribunal, observado o disposto no art. 22, após a audiência dos órgãos ou autoridades dos quais emanou

---

[103] CLÈVE, Clèmerson Merlin. *A fiscalização abstrata da constitucionalidade no direito brasileiro*. 2. ed. São Paulo: Revista dos Tribunais, 2000, p. 237; ZAVASCKI, Teori Albino. *Eficácia das sentenças na jurisdição constitucional*. 3. ed. São Paulo: Revista dos Tribunais, 2014, p. 82.

[104] BARROSO, Luís Roberto. *O controle de constitucionalidade no direito brasileiro*. 5. ed. São Paulo: Saraiva, 2011, p. 213.

a lei ou ato normativo impugnado, que deverão pronunciar-se no prazo de cinco dias.

§ 1º O relator, julgando indispensável, ouvirá o Advogado-Geral da União e o Procurador-Geral da República, no prazo de três dias.

§ 2º No julgamento do pedido de medida cautelar, será facultada sustentação oral aos representantes judiciais do requerente e das autoridades ou órgãos responsáveis pela expedição do ato, na forma estabelecida no Regimento do Tribunal.

§ 3º Em caso de excepcional urgência, o Tribunal poderá deferir a medida cautelar sem a audiência dos órgãos ou das autoridades das quais emanou a lei ou o ato normativo impugnado.

Art. 11. Concedida a medida cautelar, o Supremo Tribunal Federal fará publicar em seção especial do Diário Oficial da União e do Diário da Justiça da União a parte dispositiva da decisão, no prazo de dez dias, devendo solicitar as informações à autoridade da qual tiver emanado o ato, observando-se, no que couber, o procedimento estabelecido na Seção I deste Capítulo.

§ 1º A medida cautelar, dotada de eficácia contra todos, será concedida com efeito *ex nunc*, salvo se o Tribunal entender que deva conceder-lhe eficácia retroativa.

§ 2º A concessão da medida cautelar torna aplicável a legislação anterior acaso existente, salvo expressa manifestação em sentido contrário.

Art. 12. Havendo pedido de medida cautelar, o relator, em face da relevância da matéria e de seu especial significado para ordem social e a segurança jurídica, poderá, após a prestação das informações, no prazo de dez dias, e a manifestação do Advogado-Geral da União e do Procurador-Geral da República, sucessivamente, no prazo de cinco dias, submeter o processo diretamente ao Tribunal, que terá a faculdade de julgar definitivamente a ação.

(4º) **Informações**: o órgão ou autoridade da qual emanou o ato normativo deverá prestar informações ao relator da causa no prazo de trinta dias contados do recebimento do pedido pelo STF (art. 6º, parágrafo único, da Lei nº 9.868/99). Perceba-se que não há apresentação de "contestação", típico instrumento de defesa do processo de índole subjetiva.

(5º) **Advogado-Geral da União (AGU)**: deverá se manifestar após as informações, no prazo de quinze dias (art. 8º da Lei nº 9.868/99). O seu papel é exercer a defesa do ato ou texto impugnado (art. 103, § 3º, da CF/88). Trata-se de uma função especial, denominada de *"defensor legis"*, um reforço ao contraditório no âmbito da ação direta.[105] Importante destacar que essa defesa diz respeito tanto aos atos federais quanto aos estaduais.[106] Discute-se na doutrina se há uma obrigatoriedade em defender o ato impugnado ou se o Advogado-Geral da União poderia defender a tese contrária. O STF já admitiu, por outro lado, que o AGU não defendesse a constitucionalidade de ato que

---

[105] CLÈVE, Clèmerson Merlin. *A fiscalização abstrata da constitucionalidade no direito brasileiro*. 2. ed. São Paulo: Revista dos Tribunais, 2000, p. 179.

[106] Idem, p. 181.

seria contrário aos interesses da União (STF, ADI-QO 3.916/RS). O tema deverá ser novamente debatido em breve, já que a AGU se manifestou a favor da declaração de inconstitucionalidade da chamada "minirreforma eleitoral" realizada em 2015 e que incluiu o § 3º ao artigo 224 do Código Eleitoral para estabelecer que a "decisão da Justiça Eleitoral que importe o indeferimento do registro, a cassação do diploma ou a perda do mandato de candidato eleito em pleito majoritário acarreta, após o trânsito em julgado, a realização de novas eleições, independentemente do número de votos anulados"(STF, ADI nº 5.919/DF).

(6º) **Procurador-Geral da República (PGR)**: deverá se manifestar no prazo sucessivo de quinze dias (art. 8º da Lei nº 9.868/99). Trata-se de função constitucional de natureza opinativa (art. 103, § 1º, da CF/88), funcionando como *custus constitucionis*.

(7º) **Instrução**: a rigor, não é necessário que haja instrução em ações de controle abstrato, já que a discussão ocorre sem a presença de uma situação concreta a ser apreciada. Isto não impede, porém, que haja necessidade de esclarecimento de matéria ou circunstâncias de fato.[107] Por essa razão, é possível que o relator requisite informações adicionais, designe peritos, determine a realização de perícias, realize audiência pública ou, até mesmo, solicite informações a outros tribunais (art. 9º, §§ 1º, 2º e 3º, da Lei nº 9.868/99)

- *Amicus Curiae*: admite-se *Amicus Curiae* em ADI (art. 7º, §2º). Trata-se de sujeito do processo que contribui para a pluralidade do debate e confere maior legitimidade democrática ao procedimento. A decisão que admite o *Amicus Curiae* é irrecorrível. Porém, a decisão que não o admitir pode ser confrontada por agravo (STF, ADI-ED nº 3.105/DF e RE nº 597.165AgR/DF). Além disso, o amigo da Corte não possui legitimidade para recorrer (salvo embargos de declaração) e nem requerer medidas urgentes. Já se admitiu, por outro lado, a realização de sustentação oral de sujeito admitido como *Amicus Curiae* (STF, ADI nº 2.777/SP/ Info 331). Por fim, o *Amicus Curiae* somente pode demandar a sua intervenção até a data em que o relator liberar o processo para pauta (STF, ADI nº 4.071 AgR/DF).

(8º) **Decisão final**: decorridos os prazos para manifestação, o relator elaborará o relatório e pedirá dia para julgamento (art. 8º da Lei nº 9.868/99). Vale destacar que a decisão sobre a constitucionalidade ou inconstitucionalidade somente será tomada se presentes pelo menos **oito Ministros** (art. 22), ou seja, o *quorum* mínimo de julgamento é de dois terços. Para a declaração de (in)constitucionalidade exige-se manifestação de **seis Ministros** (maioria absoluta – art. 23). Caso não se atinja o *quorum*, a lei será considerada constitucional (haverá

---

[107] MENDES, Gilmar Ferreira. *Jurisdição constitucional*: o controle abstrato de normas no Brasil e na Alemanha. 6. ed. São Paulo: Saraiva, 2014, p. 279.

presunção de constitucionalidade) e a decisão não produzirá efeitos *erga omnes*. Vale registrar que é possível a modulação de efeitos. A decisão deverá ser devidamente publicada nos moldes do artigo 28. Por fim, quanto aos recursos cabíveis, a decisão somente comporta embargos de declaração (art. 26). Não cabe ação rescisória (art. 26).

Lei 9.868/99
Art. 22. A decisão sobre a constitucionalidade ou a inconstitucionalidade da lei ou do ato normativo somente será tomada se presentes na sessão pelo menos oito Ministros.
Art. 23. Efetuado o julgamento, proclamar-se-á a constitucionalidade ou a inconstitucionalidade da disposição ou da norma impugnada se num ou noutro sentido se tiverem manifestado pelo menos seis Ministros, quer se trate de ação direta de inconstitucionalidade ou de ação declaratória de constitucionalidade.
Parágrafo único. Se não for alcançada a maioria necessária à declaração de constitucionalidade ou de inconstitucionalidade, estando ausentes Ministros em número que possa influir no julgamento, este será suspenso a fim de aguardar-se o comparecimento dos Ministros ausentes, até que se atinja o número necessário para prolação da decisão num ou noutro sentido.
Art. 24. Proclamada a constitucionalidade, julgar-se-á improcedente a ação direta ou procedente eventual ação declaratória; e, proclamada a inconstitucionalidade, julgar-se-á procedente a ação direta ou improcedente eventual ação declaratória.
Art. 25. Julgada a ação, far-se-á a comunicação à autoridade ou ao órgão responsável pela expedição do ato.
Art. 26. A decisão que declara a constitucionalidade ou a inconstitucionalidade da lei ou do ato normativo em ação direta ou em ação declaratória é irrecorrível, ressalvada a interposição de embargos declaratórios, não podendo, igualmente, ser objeto de ação rescisória.

5. Efeitos (da decisão)

A decisão tomada em julgamento de ação direta pela maioria absoluta nos membros do Supremo Tribunal Federal produz os efeitos típicos do controle concentrado de constitucionalidade. Trata-se de efeito vinculante, *erga omnes* e *ex tunc*.[108] Há possibilidade de modulação temporal dos efeitos. Significa dizer que ao declarar a inconstitucionalidade de lei ou ato normativo, e tendo em vista razões de segurança jurídica ou de excepcional interesse social, poderá o Supremo Tribunal Federal, por maioria de dois terços de seus membros, restringir os efeitos daquela declaração ou decidir que

---

[108] CLÈVE, Clèmerson Merlin. *A fiscalização abstrata da constitucionalidade no direito brasileiro*. 2. ed. São Paulo: Revista dos Tribunais, 2000, p. 240.

ela só tenha eficácia a partir de seu trânsito em julgado ou de outro momento que venha a ser fixado (art. 27 da Lei nº 9.868/99)

Em caso de procedência, haverá declaração de inconstitucionalidade do ato desafiado pela ação direta. Em caso de improcedência, haverá declaração de constitucionalidade do mesmo ato. Verifica-se, pois, que a eficácia preponderante da decisão é a declaratória (ela declara um estado preexistente de nulidade ou não).[109]

- **Caráter dúplice ou ambivalente**: tanto a procedência como a improcedência, se a decisão tiver seis votos, produz o reconhecimento da constitucionalidade ou não do ato ou norma. É por essa razão que se refere ao caráter dúplice da ação direta de inconstitucionalidade: mesmo improcedente, ela poderá gerar o efeito de dissipar divergências acerca da constitucionalidade do ato ou norma desafiado.[110] É nesse sentido, também, que o artigo 24 da Lei nº 9.868/99 expõe que: "proclamada a constitucionalidade, julgar-se-á improcedente a ação direta ou procedente eventual ação declaratória; e, proclamada a inconstitucionalidade, julgar-se-á procedente a ação direta ou improcedente eventual ação declaratória".

- **Coisa julgada**: questão tormentosa diz respeito à extensão temporal da coisa julgada *erga omnes* decorrente do julgamento. Noutros termos: é possível a rediscussão da matéria? Doutrina de peso informa o seguinte: "A coisa julgada, entretanto, não 'congela' ('engessa') de modo definitivo a jurisprudência do Supremo Tribunal Federal, já que no Brasil, como nos demais países (EUA, por exemplo), a alteração das circunstâncias fáticas pode autorizar o deslocamento da compreensão constitucional em dada matéria. Assim, declarada a constitucionalidade de uma determinada lei, em virtude de sentença que julga improcedente a ação direta, não está impedido o Supremo Tribunal Federal de, mais tarde, uma vez alterado o sentido da norma paramétrica ou mesmo da normativa-objeto, e quando devidamente provocado, decretar a inconstitucionalidade do dispositivo atacado".[111] Essa postura, inclusive, já foi adotada pela Corte:

  Benefício assistencial de prestação continuada ao idoso e ao deficiente. Art. 203, V, da Constituição. A Lei de Organização da Assistência Social (LOAS), ao regulamentar o art. 203, V, da Constituição da República, estabeleceu os critérios para

---

[109] CLÈVE, Clèmerson Merlin. *A fiscalização abstrata da constitucionalidade no direito brasileiro.* 2. ed. São Paulo: Revista dos Tribunais, 2000, p. 244; BARROSO, Luís Roberto. *O controle de constitucionalidade no direito brasileiro.* 5. ed. São Paulo: Saraiva, 2011, p. 220.

[110] "Tanto a ação direta de inconstitucionalidade quanto a declaratória de constitucionalidade têm natureza dúplice, ou seja, ambas tem aptidão para firmar, quando julgadas no seu mérito, juízo de constitucionalidade ou de inconstitucionalidade do preceito normativo que lhes dá objeto" (ZAVASCKI, Teori Albino. *Eficácia das sentenças na jurisdição constitucional.* 3. ed. São Paulo: Revista dos Tribunais, 2014, p. 57).

[111] CLÈVE, op. cit., p. 240. No mesmo sentido: BARROSO, op. cit., p. 222. Vide também, com robustos argumentos: ZAVASCKI, op. cit., p. 123-136.

que o benefício mensal de um salário mínimo seja concedido aos portadores de deficiência e aos idosos que comprovem não possuir meios de prover a própria manutenção ou de tê-la provida por sua família. 2. Art. 20, § 3º, da Lei 8.742/1993 e a declaração de constitucionalidade da norma pelo Supremo Tribunal Federal na ADI 1.232. Dispõe o art. 20, § 3º, da Lei 8.742/93 que: "considera-se incapaz de prover a manutenção da pessoa portadora de deficiência ou idosa a família cuja renda mensal *per capita* seja inferior a 1/4 (um quarto) do salário mínimo". O requisito financeiro estabelecido pela Lei teve sua constitucionalidade contestada, ao fundamento de que permitiria que situações de patente miserabilidade social fossem consideradas fora do alcance do benefício assistencial previsto constitucionalmente. Ao apreciar a Ação Direta de Inconstitucionalidade 1.232-1/DF, o Supremo Tribunal Federal declarou a constitucionalidade do art. 20, § 3º, da LOAS. 3. Decisões judiciais contrárias aos critérios objetivos preestabelecidos e processo de inconstitucionalização dos critérios definidos pela Lei 8.742/1993. A decisão do Supremo Tribunal Federal, entretanto, não pôs termo à controvérsia quanto à aplicação em concreto do critério da renda familiar per capita estabelecido pela LOAS. Como a Lei permaneceu inalterada, elaboraram-se maneiras de contornar o critério objetivo e único estipulado pela LOAS e de avaliar o real estado de miserabilidade social das famílias com entes idosos ou deficientes. Paralelamente, foram editadas leis que estabeleceram critérios mais elásticos para concessão de outros benefícios assistenciais, tais como: a Lei 10.836/2004, que criou o Bolsa Família; a Lei 10.689/2003, que instituiu o Programa Nacional de Acesso à Alimentação; a Lei 10.219/01, que criou o Bolsa Escola; a Lei 9.533/97, que autoriza o Poder Executivo a conceder apoio financeiro a municípios que instituírem programas de garantia de renda mínima associados a ações socioeducativas. O Supremo Tribunal Federal, em decisões monocráticas, passou a rever anteriores posicionamentos acerca da intransponibilidade dos critérios objetivos. Verificou-se a ocorrência do processo de inconstitucionalização decorrente de notórias mudanças fáticas (políticas, econômicas e sociais) e jurídicas (sucessivas modificações legislativas dos patamares econômicos utilizados como critérios de concessão de outros benefícios assistenciais por parte do Estado brasileiro). 4. A inconstitucionalidade por omissão parcial do art. 34, parágrafo único, da Lei 10.741/2003. O Estatuto do Idoso dispõe, no art. 34, parágrafo único, que o benefício assistencial já concedido a qualquer membro da família não será computado para fins do cálculo da renda familiar *per capita* a que se refere a LOAS. Não exclusão dos benefícios assistenciais recebidos por deficientes e de previdenciários, no valor de até um salário mínimo, percebido por idosos. Inexistência de justificativa plausível para discriminação dos portadores de deficiência em relação aos idosos, bem como dos idosos beneficiários da assistência social em relação aos idosos titulares de benefícios previdenciários no valor de até um salário mínimo. Omissão parcial inconstitucional. 5. Declaração de inconstitucionalidade parcial, sem pronúncia de nulidade, do art. 34, parágrafo único, da Lei 10.741/2003. 6. Recurso extraordinário a que se nega provimento (RE nº 580.963, Relator Min. Gilmar Mendes, Tribunal Pleno, julgado em 18/04/2013).

Capítulo 7

Ação declaratória de constitucionalidade

1. Introdução

Conforme já assinalado, prevalece em relação às normas jurídicas, a presunção de constitucionalidade das leis. Desse modo, até que seja declarado inconstitucional, o ato ou norma jurídica deve ser considerado em conformidade com a Constituição. Em determinadas situações, porém, é possível o surgimento de controvérsia perante os tribunais acerca da constitucionalidade de determinado ato ou norma jurídica. Vale lembrar, aliás, que no direito brasileiro qualquer juiz ou tribunal pode realizar a declaração *incidenter tantum* de inconstitucionalidade. Para dissipar tais controvérsias e evitar a insegurança jurídica que pode ser instaurada é que surge no ordenamento jurídico a ação declaratória de constitucionalidade inspirada no direito alemão.

Trata-se de ação que busca solucionar, definitivamente, a dúvida ou incerteza presente a respeito da constitucionalidade da lei ou do ato normativo federal surgida em razão de grave controvérsia judicial para que seja confirmada a constitucionalidade da lei ou do ato normativo em questão. Assim, fica bem evidente a sua finalidade: "afastar a incerteza jurídica e estabelecer uma orientação homogênea na matéria".[112]

A ação declaratória de constitucionalidade surgiu com a Emenda Constitucional nº 03/93 e é regulamentada pela Lei nº 9.868/99 (arts. 13-20).[113] Apesar da polêmica inicial,[114] a sua cria-

---

[112] BARROSO, Luís Roberto. *O controle de constitucionalidade no direito brasileiro*. 5. ed. São Paulo: Saraiva, 2011, p. 253.

[113] MENDES, Gilmar Ferreira. *Jurisdição constitucional*: o controle abstrato de normas no Brasil e na Alemanha. 6. ed. São Paulo: Saraiva, 2014, p. 116.

[114] CLÈVE, Clèmerson Merlin. *A fiscalização abstrata da constitucionalidade no direito brasileiro*. 2. ed. São Paulo: Revista dos Tribunais, 2000, p. 282.

ção foi considerada constitucional pelo Supremo Tribunal Federal (STF, ADC n° 1-QO/DF).

2. Cabimento

O **parâmetro constitucional**, na ação declaratória de constitucionalidade, é qualquer norma constitucional. Tudo o que foi apontado neste ponto acerca da ação direta de inconstitucionalidade vale também para esta ação.

O **objeto do controle** é a "lei ou ato normativo federal" (art. 102, I, *a*, da CF/88 e art. 13 da Lei n° 9.868/99). Também as considerações já tecidas acerca do conceito de "lei ou ato normativo" valem para a ADC.[115] Registra-se, porém, que a ação somente pode ser utilizada para desafiar lei ou ato **federal**.[116] Não cabe ADC para contestar lei ou ato normativo estadual. E não é qualquer "lei ou ato normativo federal" que pode ser desafiado. Isto porque se exige um requisito específico: "a existência de controvérsia judicial relevante sobre a aplicação da disposição objeto da ação" (art. 14, III, da Lei n° 9.868/99).

A **existência de controvérsia judicial relevante** é, portanto, mais um requisito para admissibilidade da ação.[117] Como o requisito exige a "existência de controvérsia", não é cabível a ação para evitar que tal controvérsia surja. Significa, em outros termos, que não é cabível a ADC de natureza meramente preventiva. Além disso, ela estará presente quando houver uma quantidade considerável de pronunciamentos judiciais contraditórios sobre a constitucionalidade da norma impugnada,[118] não bastando a mera controvérsia dou-

---

[115] BARROSO, Luís Roberto. *O controle de constitucionalidade no direito brasileiro*. 5. ed. São Paulo: Saraiva, 2011, p. 258.

[116] CLÈVE, Clèmerson Merlin. *A fiscalização abstrata da constitucionalidade no direito brasileiro*. 2. ed. São Paulo: Revista dos Tribunais, 2000, p. 296.

[117] MENDES, Gilmar Ferreira. *Jurisdição constitucional: o controle abstrato de normas no Brasil e na Alemanha*. 6. ed. São Paulo: Saraiva, 2014, p 212.

[118] "A Lei n. 9.868/99 estabelece, em seu art. 14, que a petição inicial da ação declaratória de constitucionalidade indicará 'III ' a existência de controvérsia judicial relevante sobre a aplicação da disposição objeto da ação declaratória.' Esta comprovação é imprescindível pois constitui elemento fundamental para que a ação possa ser recebida e conhecida. Sem ela a petição é inepta, por carecer de elemento essencial legalmente exigido. O Supremo Tribunal Federal decidiu, na Ação Declaratória de Constitucionalidade n. 1, que a comprovação da existência de dissídio judicial relevante é requisito imprescindível para o conhecimento da ação: (...) Na espécie em foco, não houve sequer referência a qualquer controvérsia judicial que esteja a causar insegurança na matéria arguida. A Autora não fez anexar decisões que, contraditórias ou divergentes, tivessem a provocar insegurança de modo a determinar a apreciação do

trinária (STF, ADC nº 8-MC/DF).[119] Vale registrar, por outro lado, que o requisito é qualitativo e não quantitativo.

> O ajuizamento da ação declaratória de constitucionalidade, que faz instaurar processo objetivo de controle normativo abstrato, supõe a existência de efetiva controvérsia judicial em torno da legitimidade constitucional de determinada lei ou ato normativo federal. Sem a observância desse pressuposto de admissibilidade, torna-se inviável a instauração do processo de fiscalização normativa *in abstracto*, pois a inexistência de pronunciamentos judiciais antagônicos culminaria por converter, a ação declaratória de constitucionalidade, em um inadmissível instrumento de consulta sobre a validade constitucional de determinada lei ou ato normativo federal, descaracterizando, por completo, a própria natureza jurisdicional que qualifica a atividade desenvolvida pelo Supremo Tribunal Federal. O Supremo Tribunal Federal firmou orientação que exige a comprovação liminar, pelo autor da ação declaratória de constitucionalidade, da ocorrência, "em proporções relevantes", de dissídio judicial, cuja existência – precisamente em função do antagonismo interpretativo que dele resulta – faça instaurar, ante a elevada incidência de decisões que consagram teses conflitantes, verdadeiro estado de insegurança jurídica, capaz de gerar um cenário de perplexidade social e de provocar grave incerteza quanto à validade constitucional de determinada lei ou ato normativo federal (ADC nº 8-MC, Rel. Min. Celso de Mello, julgamento em 13-10-1999, Plenário, *DJ* de 04/04/2003).

Na jurisprudência atual, merece destaque a controvérsia judicial existente sobre a extensão do art. 283 do Código de Processo Penal, notadamente em razão de diversas decisões, inclusive do STF, determinando o cumprimento da pena privativa de liberdade antes do trânsito em julgado da sentença penal condenatória. O tema foi apreciado no julgamento da medida cautelar nas ADCs nºs 43 e 44:

> **Informativo nº 842**
> (ADC-MC nº 43/DF; ADC-MC nº 44/DF)
> Em conclusão de julgamento, o Plenário, por maioria, indeferiu medida cautelar em ações declaratórias de constitucionalidade e conferiu interpretação conforme à Constituição ao art. 283 do Código de Processo Penal (CPP) ("Art. 283. Ninguém poderá ser preso senão em flagrante delito ou por ordem escrita e fundamentada da autoridade judiciária competente, em decorrência de sentença condenatória transitada em julgado ou, no curso da investigação ou do processo, em virtude de

---

caso, em sede de controle abstrato de constitucionalidade, como é a ação declaratória. Não fosse bastante a carência da comprovação de existência de controvérsia judicial relevante para conduzir à conclusão da inépcia da petição inicial, é de relevo anotar também que a ação ajuizada não busca, efetivamente, o controle abstrato de constitucionalidade, mas decisão judicial relativa a interesses subjetivos específicos, o que também impede o prosseguimento do feito, como é pacificado na jurisprudência do Supremo Tribunal Federal (...)." (STF, ADC nº 15, Rel. Min. Cármen Lúcia, decisão monocrática, julgamento em 15/03/2007).

[119] MENDES, Gilmar Ferreira. *Jurisdição constitucional: o controle abstrato de normas no Brasil e na Alemanha*. 6. ed. São Paulo: Saraiva, 2014, p. 212.

prisão temporária ou prisão preventiva"). Dessa forma, permitiu a execução provisória da pena após a decisão condenatória de segundo grau e antes do trânsito em julgado.

3. Legitimidade

A legitimidade ativa para a propositura da ação declaratória de constitucionalidade está prevista no texto constitucional (art. 103) e reprisado na legislação infraconstitucional (art. 2º da Lei 9.868/99). Aplicam-se as regras tratadas por ocasião do estudo do controle concentrado de constitucionalidade.

Registra-se que, na redação dada pela EC nº 03/93, a legitimidade ativa da ADC era mais restrita (art. 103, § 4º, da CF/88). A disposição foi, porém, modificada com a EC nº 45/04, que revogou o art. 103, § 4º, da CF/88 e reformulou o art. 103, § 3º, *caput* da CF/88.[120]

A legitimidade passiva da ADC é ponto de controvérsia doutrinária já que, em princípio, não há um ato contrário à Constituição. Nessa linha, prevalece que simplesmente não há um legitimado passivo na ADC.[121]

4. Procedimento

Apesar de contar com disposições próprias (arts. 13-20 da Lei nº 9.868/99), o procedimento da ADC é o mesmo da ADI. Ressalva-se, porém, que não há obrigatoriedade de oitiva do Advogado-Geral da União, já que, em princípio, não há ato inconstitucional para ser defendido. Aliás, para parcela da doutrina, sequer há polo passivo nessa ação.
- **Cumulação de pedidos**: para o STF é possível que haja cumulação, em uma mesma ação, de pedidos típicos de ADC e ADI. Haveria, aí, uma cumulação de pedidos: "A cumulação simples de pedidos típicos de ADI e de ADC é processualmente cabível em uma única demanda de controle concentrado de constitucionalidade, desde que satisfeitos os requisitos previstos na legislação processual civil" (STF, ADI nº 5.316-MC/DF).

---

[120] MENDES, Gilmar Ferreira. *Jurisdição constitucional: o controle abstrato de normas no Brasil e na Alemanha*. 6. ed. São Paulo: Saraiva, 2014, p. 211.

[121] "Quanto à legitimação passiva, a rigor ela não existe" (BARROSO, Luís Roberto. *O controle de constitucionalidade no direito brasileiro*. 5. ed. São Paulo: Saraiva, 2011, p. 256).

- **Medida cautelar**: é cabível medida cautelar em ADC. Quanto ao julgamento, ela deve ser tomada por maioria absoluta, presentes dois terços dos ministros (art. 21). São, portanto, oito Ministros presentes (no mínimo) e seis Ministros favoráveis à medida para que seja deferida; no período do recesso e em caso de urgência, admite-se decisão isolada do relator *ad referendum* do plenário. O objetivo da medida cautelar é suspender o julgamento dos processos judiciais em que haja discussão acerca da constitucionalidade do ato. A cautelar, por outro lado, também possui eficácia *erga omnes* e efeito vinculante.[122] A concessão da cautelar deve ser objeto de publicação especial no Diário Oficial e, após essa data, a ação deve ser julgada no prazo de 180 dias sob pena de perda da eficácia da cautelar (art. 21, parágrafo único).[123]

Lei 9868/99
Art. 21. O Supremo Tribunal Federal, por decisão da maioria absoluta de seus membros, poderá deferir pedido de medida cautelar na ação declaratória de constitucionalidade, consistente na determinação de que os juízes e os Tribunais suspendam o julgamento dos processos que envolvam a aplicação da lei ou do ato normativo objeto da ação até seu julgamento definitivo.
Parágrafo único. Concedida a medida cautelar, o Supremo Tribunal Federal fará publicar em seção especial do Diário Oficial da União a parte dispositiva da decisão, no prazo de dez dias, devendo o Tribunal proceder ao julgamento da ação no prazo de cento e oitenta dias, sob pena de perda de sua eficácia.

5. Efeitos (da decisão)

Os efeitos da decisão produzida com o julgamento da ADC são os mesmos do julgamento da ADI, mas em sentido inverso, ou seja, busca-se a declaração da constitucionalidade, e não da inconstitucionalidade.

Em caso de procedência, haverá declaração de constitucionalidade do ato desafiado pela ação declaratória. Em caso de improcedência, haverá declaração de inconstitucionalidade do mesmo ato. Há, pois, caráter **dúplice** ou **ambivalente**, ainda que o ponto

---

[122] No julgamento da ADC 12 (nepotismo), foi atribuída eficácia retroativa à medida cautelar (sobre o tema, vide: MENDES, Gilmar Ferreira. *Jurisdição constitucional: o controle abstrato de normas no Brasil e na Alemanha*. 6. ed. São Paulo: Saraiva, 2014, p. 286).

[123] No julgamento da ADC 18-MC (inclusão do ICMS na base de cálculo da COFINS), o prazo da medida cautelar foi prorrogado por três oportunidades, superando, em muito a previsão legal de 180 dias. Em 2010, a liminar anteriormente deferida perdeu a eficácia suspensiva e, com isso, as ações voltaram a tramitar. Até o momento, a ADC 18 não foi julgada. Porém, em 2017, no julgamento de recurso extraordinário com repercussão geral, o STF compreendeu que seria inconstitucional a inclusão do ICMS na base de cálculo da COFINS (RE 574.706, STF – 2017).

seja objeto de crítica pontual por parcela da doutrina.[124] Já, em caso de improcedência, haverá declaração de inconstitucionalidade e, portanto, é plenamente aplicável a regra acerca da modulação de efeitos temporais da decisão (art. 27 da Lei nº 9.868/99). Na hipótese de procedência, o reconhecimento da constitucionalidade produzirá efeito retroativo (*ex tunc*). Neste último caso, parcela da doutrina defende que, em razão da existência da controvérsia judicial pressuposto da Ação Declaratória de Constitucionalidade, seria possível que a Suprema Corte modulasse os efeitos da declaração de constitucionalidade para proteger a boa-fé e a segurança jurídica daqueles que já tivessem obtido pronunciamento judicial favorável à inconstitucionalidade.

Discute-se, também, sobre a extensão dos efeitos e da ausência de preclusão acerca da questão constitucional julgada na ADC, ou seja, se é possível rediscutir o mérito da questão constitucional julgada em ADC. Dito de outro modo: quando o ato é declarado constitucional ele poderia ser objeto de posterior ação direta de inconstitucionalidade? Para uma parcela da doutrina, a declaração de constitucionalidade não gera efeito preclusivo, de modo que seria possível nova provocação do controle concentrado de constitucionalidade para novo debate do tema.[125]

---

[124] Assim: "Repita-se, por derradeiro, a pergunta que não quer calar: se há uma ambivalência entre ambas as ações, e se uma é o reverso da outra, por que a necessidade da criação da ação declaratória? Se se permitir, aqui, um raciocínio lógico, pode-se dizer que, se de uma afirmação se pode tirar uma negação, é ela que é 'ambivalente'; já duas coisas que, positiva e negativamente, chegam às mesmas conclusões, ou são desnecessárias ou são coisas diferentes; ou, de outro modo, e dizendo a mesma coisa, se uma proposição afirma algo de forma negativa, e, no reverso, a afirma positivamente, é porque é uma coisa só; não há necessidade, pois, de duas coisas que afirmem e neguem a mesma coisa. Se, entretanto, de fato há duas, uma não pode ser o reverso de outra pela simples razão de que uma não é a outra." (STRECK, Lenio Luiz. *Jurisdição constitucional e decisão jurídica*. 3. ed. São Paulo: Revista dos Tribunais, 2013, p. 878).

[125] Nesse sentido: BARROSO, Luís Roberto. *O controle de constitucionalidade no direito brasileiro*. 5. ed. São Paulo: Saraiva, 2011, p. 263; STRECK, Lenio Luiz. *Jurisdição constitucional e decisão jurídica*. 3. ed. São Paulo: Revista dos Tribunais, 2013, p. 882.

Capítulo 8

Ação direta de inconstitucionalidade por omissão

1. Introdução

A ação direta de inconstitucionalidade por omissão tem por escopo assegurar que norma constitucional com baixa efetividade possa se tornar mais efetiva. Sendo assim, a questão de fundo envolverá normas constitucionais de eficácia limitada. Com efeito, a ADO busca atingir o baixo grau de efetividade de determinadas normas constitucionais e ainda estabelecer a necessidade de criação de complementos normativos.

Trata-se de ação destinada a repelir uma omissão que acaba por violar a Constituição quando exigido um complemento normativo. Com isso, ela busca suprimir, de forma geral e abstrata, a inércia inconstitucional do Poder Público.

É uma inovação trazida com a Constituição Federal de 1988 por influência da Constituição portuguesa de 1976.[126] É relevante instrumento para assegurar a efetividade do texto constitucional, especialmente quando ele possui caráter dirigente e compromissório.[127]

2. Cabimento

O **parâmetro constitucional**, na ação declaratória de constitucionalidade, é a norma constitucional que exija algum complemento normativo pelo Poder Público para que possa ser concretizada. Daí se conclui que as normas constitucionais de aplicabilidade imediata

---
[126] TEMER, Michel. *Elementos de direito constitucional*. 24. ed. São Paulo: Malheiros 2012, p. 51.
[127] BARROSO, Luís Roberto. *O controle de constitucionalidade no direito brasileiro*. 5. ed. São Paulo: Saraiva, 2011, p. 272.

não são, em princípio, passíveis de servir como parâmetro para a alegada omissão. Aliás, para a corrente majoritária, o campo fértil das omissões está nas **normas constitucionais de eficácia limitada**.[128]

O **objeto do controle** é a "omissão inconstitucional", isto é, a conduta omissiva do Poder Público na elaboração do complemento normativo necessário à concretização da norma constitucional. Essa omissão inconstitucional pode ser total, diante da completa ausência no cumprimento do dever de legislar, ou pode ser parcial, diante da elaboração de medida que é elaborada, mas de forma incompleta ou deficiente (STF, ADI nº 1.439-MC/DF).[129] É certo que a omissão inconstitucional pode decorrer tanto do Poder Legislativo como do Poder Executivo (desde a não elaboração de uma lei ordinária até a ausência de regulamentos infralegais).[130] Há polêmica na doutrina se pode ser manejada em face da ausência de medidas concretas (ex: realização de um concurso público ou de um serviço público).[131] Há precedente antigo no STF em sentido contrário (ADI nº 19).

A omissão inconstitucional não pode ser considerada instantânea, já que a Constituição delegou significativas medidas para as funções legislativas e administrativas. A necessidade de um tempo para a elaboração das medidas é, pois, algo natural. Por essa razão, somente se caracteriza a contrariedade à Constituição quando houver uma verdadeira *mora inconstitucional* do Poder Público. Nesse sentido, somente é cabível a ADO se for comprovado o decurso de um prazo razoável entre o comando e a omissão (período dentro do qual a medida necessária poderia ter sido elaborada, mas não o foi). A mera existência de um projeto de lei acerca da matéria não tem o condão de afastar a omissão, já que pode ocorrer inércia na deliberação do projeto (*inertia deliberandi*).

Pode ocorrer que a própria Constituição tenha demarcado o prazo para a confecção da norma, como é o caso do artigo 98, § 1º, do Ato das Disposições Constitucionais Transitórias (ADCT) em que "no prazo de 8 (oito) anos, a União, os Estados e o Distrito Federal

---

[128] Normas constitucionais de eficácia limitada são aquelas que produzem poucos efeitos na ordem jurídica. É que tais normas, para produzirem todos os efeitos pretendidos, necessitam de algum complemento normativo; são dependentes de legislação. São normas, portanto, de aplicabilidade apenas indireta, mediata e reduzida (SILVA, José Afonso da. *Aplicabilidade das normas constitucionais*. 8. ed. São Paulo: Malheiros, 2012, p. 119 e ss.).

[129] CLÈVE, Clèmerson Merlin. *A fiscalização abstrata da constitucionalidade no direito brasileiro*. 2. ed. São Paulo: Revista dos Tribunais, 2000, p. 327.

[130] BARROSO, Luís Roberto. *O controle de constitucionalidade no direito brasileiro*. 5. ed. São Paulo: Saraiva, 2011, p. 273.

[131] "A omissão de medidas concretas reclama a provocação de outros tipos de procedimentos" (CLÈVE, op. cit., p. 343).

deverão contar com defensores públicos em todas as unidades jurisdicionais". Nessa hipótese, não haverá mora inconstitucional antes do decurso de prazo fixado pela Constituição. A situação é idêntica no caso do artigo 29, § 1º, do ADCT onde o Presidente da República tem (ou tinha) o prazo de cento e vinte dias para encaminhar ao Congresso Nacional projeto de lei complementar dispondo sobre a organização e o funcionamento da Advocacia-Geral da União.

A superveniência da medida administrativa ou legislativa torna prejudicada a ADO, que será extinta sem exame de mérito.

Por fim, quando a omissão inconstitucional é total, é fácil identificar o cabimento da ADO. Já quando se trata de omissão parcial, isto é, existe uma regulamentação, embora incapaz de alcançar todo o mandamento constitucional, não é tão simples identificar se o caso é de ADO ou ADI (ou mesmo ADC). Por essa razão, o Supremo Tribunal Federal, encampando proposta doutrinária,[132] tem aceitado na sua jurisprudência a existência de fungibilidade entre essas ações (vide, por exemplo, o julgamento conjunto pelo STF das ADI nº 875/DF; ADI nº 1.987/DF; ADI nº 2.727/DF).

3. Legitimidade

A legitimidade ativa para a propositura da ação direta de inconstitucionalidade por omissão está prevista no texto constitucional (art. 103) e reprisado na legislação infraconstitucional (art. 12-A da Lei nº 9.868/99). Aplicam-se as regras tratadas por ocasião do estudo do controle concentrado de constitucionalidade.

A legitimidade passiva é atribuída à autoridade responsável pela realização da medida necessária a tornar a norma constitucional efetiva.[133]

4. Procedimento

O procedimento da ADO vem detalhado no artigo 12-A até o artigo 12-H, da Lei nº 9.868/99 (redação pela Lei nº 12.063/09). Não há grandes diferenças em relação aos demais procedimentos

---

[132] MENDES, Gilmar Ferreira. *Jurisdição constitucional: o controle abstrato de normas no Brasil e na Alemanha*. 6. ed. São Paulo: Saraiva, 2014, p. 437.

[133] BARROSO, Luís Roberto. *O controle de constitucionalidade no direito brasileiro*. 5. ed. São Paulo: Saraiva, 2011, p. 279.

do controle concentrado, havendo inclusive aplicação subsidiária das regras pertinentes à ADI (art. 12-E). Vale lembrar que a inicial deve indicar a hipótese de cabimento, inclusive apontando a omissão total ou parcial quanto ao cumprimento de dever constitucional de legislar ou quanto à adoção de providência administrativa (art. 12-B, I), bem como o pedido com suas especificações (art. 12-B, II).

É possível o indeferimento imediato da inicial, e a decisão pode ser desafiada por meio de agravo (art. 12-C, *caput*, Lei nº 9.868/99). E tal como sucede com as demais ações de controle concentrado-abstrato, não é cabível a desistência da ação (art. 12-D). Acrescente-se que a participação do Advogado-Geral da União não é obrigatória, mas uma faculdade conferida ao relator (art. 12-E, § 2º). Evidentemente, também cabível tutela de urgência: "em caso de excepcional urgência e relevância da matéria, o Tribunal, por decisão da maioria absoluta de seus membros, observado o disposto no art. 22, poderá conceder medida cautelar, após a audiência dos órgãos ou autoridades responsáveis pela omissão inconstitucional, que deverão pronunciar-se no prazo de 5 (cinco) dias" (art. 12-F da Lei nº 9.868/99).

> Art. 12-A. Podem propor a ação direta de inconstitucionalidade por omissão os legitimados à propositura da ação direta de inconstitucionalidade e da ação declaratória de constitucionalidade. (Incluído pela Lei nº 12.063, de 2009).
> Art. 12-B. A petição indicará: (Incluído pela Lei nº 12.063, de 2009).
> I – a omissão inconstitucional total ou parcial quanto ao cumprimento de dever constitucional de legislar ou quanto à adoção de providência de índole administrativa; (Incluído pela Lei nº 12.063, de 2009).
> II – o pedido, com suas especificações. (Incluído pela Lei nº 12.063, de 2009).
> Parágrafo único. A petição inicial, acompanhada de instrumento de procuração, se for o caso, será apresentada em 2 (duas) vias, devendo conter cópias dos documentos necessários para comprovar a alegação de omissão. (Incluído pela Lei nº 12.063, de 2009).
> Art. 12-C. A petição inicial inepta, não fundamentada, e a manifestamente improcedente serão liminarmente indeferidas pelo relator. (Incluído pela Lei nº 12.063, de 2009).
> Parágrafo único. Cabe agravo da decisão que indeferir a petição inicial. (Incluído pela Lei nº 12.063, de 2009).
> Art. 12-D. Proposta a ação direta de inconstitucionalidade por omissão, não se admitirá desistência. (Incluído pela Lei nº 12.063, de 2009).
> Art. 12-E. Aplicam-se ao procedimento da ação direta de inconstitucionalidade por omissão, no que couber, as disposições constantes da Seção I do Capítulo II desta Lei. (Incluído pela Lei nº 12.063, de 2009).
> § 1º Os demais titulares referidos no art. 2o desta Lei poderão manifestar-se, por escrito, sobre o objeto da ação e pedir a juntada de documentos reputados úteis

para o exame da matéria, no prazo das informações, bem como apresentar memoriais. (Incluído pela Lei nº 12.063, de 2009).

§ 2º O relator poderá solicitar a manifestação do Advogado-Geral da União, que deverá ser encaminhada no prazo de 15 (quinze) dias. (Incluído pela Lei nº 12.063, de 2009).

§ 3º O Procurador-Geral da República, nas ações em que não for autor, terá vista do processo, por 15 (quinze) dias, após o decurso do prazo para informações. (Incluído pela Lei nº 12.063, de 2009).

A medida cautelar observa o mesmo regramento da ADI, inclusive quanto ao *quorum* de maioria absoluta para a concessão da medida urgente (art. 12-F, *caput*, da Lei n° 9.868/99). Acrescente-se que a medida cautelar pode consistir: (a) na suspensão da aplicação da lei ou do ato questionado em caso de omissão parcial; (b) na suspensão de processos judiciais ou administrativos; (c) na tomada de qualquer outra providência a ser fixada pelo Tribunal (art. 12-F, §1°, da Lei n° 9.868/99).

Art. 12-F. Em caso de excepcional urgência e relevância da matéria, o Tribunal, por decisão da maioria absoluta de seus membros, observado o disposto no art. 22, poderá conceder medida cautelar, após a audiência dos órgãos ou autoridades responsáveis pela omissão inconstitucional, que deverão pronunciar-se no prazo de 5 (cinco) dias. (Incluído pela Lei nº 12.063, de 2009).

§ 1º A medida cautelar poderá consistir na suspensão da aplicação da lei ou do ato normativo questionado, no caso de omissão parcial, bem como na suspensão de processos judiciais ou de procedimentos administrativos, ou ainda em outra providência a ser fixada pelo Tribunal. (Incluído pela Lei nº 12.063, de 2009).

§ 2º O relator, julgando indispensável, ouvirá o Procurador-Geral da República, no prazo de 3 (três) dias. (Incluído pela Lei nº 12.063, de 2009).

§ 3º No julgamento do pedido de medida cautelar, será facultada sustentação oral aos representantes judiciais do requerente e das autoridades ou órgãos responsáveis pela omissão inconstitucional, na forma estabelecida no Regimento do Tribunal. (Incluído pela Lei nº 12.063, de 2009).

Art.12-G. Concedida a medida cautelar, o Supremo Tribunal Federal fará publicar, em seção especial do Diário Oficial da União e do Diário da Justiça da União, a parte dispositiva da decisão no prazo de 10 (dez) dias, devendo solicitar as informações à autoridade ou ao órgão responsável pela omissão inconstitucional, observando-se, no que couber, o procedimento estabelecido na Seção I do Capítulo II desta Lei. (Incluído pela Lei nº 12.063, de 2009).

5. Efeitos (da decisão)

Variados são os efeitos da decisão na ação direta de inconstitucionalidade por omissão. Vale lembrar que o propósito da ação é afastar a omissão na concretização da Constituição e, portanto, os efeitos da decisão devem possuir carga suficiente para repelir tal situação. Em síntese, são os seguintes efeitos:

(1º) **Efeito declaratório**: trata-se do reconhecimento, pelo Poder Judiciário, de que o Poder Público está em mora. Fica declarada, portanto, a omissão inconstitucional.[134]

(2º) **Efeito mandamental**: é o principal efeito da ADO. Através deste efeito, será dada ciência ao Poder competente para a adoção das providências necessárias ao afastamento da omissão (art. 103, §2º, da CF/88; art. 12-H, *caput*, da Lei nº 9.868/99). Como se percebe, o efeito mandamental revela a "baixa eficácia" da medida, que possui mais um caráter "moral" e "político" do que apto a tutelar a ordem constitucional objetivamente considerada.[135] Em razão disso, doutrina minoritária defende a possibilidade de o STF editar verdadeiros "provimentos normativos temporários" aptos a afastar a mora legislativa.[136]

- **Órgão administrativo**: para tornar efetiva a norma constitucional é fixado prazo de 30 dias ou outro razoável estipulado excepcionalmente pelo Tribunal tendo em vista as circunstâncias específicas do caso e o interesse público envolvido (art. 12-H, § 1º, da Lei nº 9.868/99).

- **Poder Legislativo**: não há previsão de um prazo a ser fixado. Há quem defenda que caberá ao Regimento Interno da Casa Legislativa definir o modo e o prazo de cumprimento da decisão.[137] O STF já se manifestou favorável à fixação de um prazo a ser cumprido pelo Congresso Nacional. Naquela oportunidade, porém, o prazo fixado não foi observado (18 meses – ADI nº 3.682, STF). Aliás, pela relevância, o caso merece anotação especial.

- **Criação de Municípios e Lei Complementar**: na redação originária do texto constitucional, a criação, fusão e incorporação de Municípios, além de outros requisitos, dependia de um regramento geral a ser previsto em Lei Complementar Estadual (art. 18, §4º, CF). Em razão da facilidade, logo após o advento da nova ordem constitucional, houve uma grande proliferação de novas municipalidades. Assim, a

---

[134] Contra, apontando que a decisão "constitui em mora" o Poder Público, vide: BARROSO, Luís Roberto. *O controle de constitucionalidade no direito brasileiro*. 5. ed. São Paulo: Saraiva, 2011, p. 288.

[135] BARROSO, Luís Roberto. *O controle de constitucionalidade no direito brasileiro*. 5. ed. São Paulo: Saraiva, 2011, p. 290.

[136] Assim, "finalizado o prazo, sem qualquer providência adotada, poderia o próprio Supremo, a depender do caso, dispor normativamente da matéria, a título provisório, até que o legislador viesse a elaborar a norma faltante. Essa decisão normativa do Supremo Tribunal Federal, de caráter temporário, viabilizaria, desde logo, a concretização de preceito constitucional" (PIOVESAN, Flávia Cristina. *Proteção judicial contra omissões legislativas: Ação direta de inconstitucionalidade por omissão e mandado de injunção*. 2. ed. São Paulo: Rev. dos Tribunais, 2003, p. 126). A própria autora, porém, faz a ressalva que em variadas situações a atuação do legislador seria insubstituível.

[137] TEMER, Michel. *Elementos de direito constitucional*. 24. ed. São Paulo: Malheiros 2012, p. 53.

redação original do texto foi alterada para estabelecer que a criação, fusão e incorporação de Municípios, além de outros requisitos, ocorreria por lei estadual, mas observado o período determinado por Lei Complementar Federal (art. 18, § 4º, com redação pela EC 15/96). Desse modo, após a Emenda Constitucional nº 15/1996, a criação de novos Municípios passou a depender da atuação do Congresso Nacional – que deveria elaborar a mencionada Lei Complementar. O Poder Legislativo, entretanto, quedou-se inerte e a questão foi levada à apreciação do Supremo Tribunal Federal. Após intenso debate, a Corte reconheceu a mora do Congresso Nacional, julgando procedente a ação direta de inconstitucionalidade por omissão. Além disso, estabeleceu o prazo de 18 meses para que fossem adotadas providências legislativas aptas a sanar a omissão. Aliás, recomenda-se a leitura de todos os votos relativos à conclusão do julgamento que restou ementado da seguinte forma:

AÇÃO DIRETA DE INCONSTITUCIONALIDADE POR OMISSÃO. INATIVIDADE DO LEGISLADOR QUANTO AO DEVER DE ELABORAR A LEI COMPLEMENTAR A QUE SE REFERE O § 4º DO ART. 18 DA CONSTITUIÇÃO FEDERAL, NA REDAÇÃO DADA PELA EMENDA CONSTITUCIONAL NO 15/1996. AÇÃO JULGADA PROCEDENTE. 1. A Emenda Constitucional nº 15, que alterou a redação do § 4º do art. 18 da Constituição, foi publicada no dia 13 de setembro de 1996. Passados mais de 10 (dez) anos, não foi editada a lei complementar federal definidora do período dentro do qual poderão tramitar os procedimentos tendentes à criação, incorporação, desmembramento e fusão de municípios. Existência de notório lapso temporal a demonstrar a inatividade do legislador em relação ao cumprimento de inequívoco dever constitucional de legislar, decorrente do comando do art. 18, § 4º, da Constituição. 2. Apesar de existirem no Congresso Nacional diversos projetos de lei apresentados visando à regulamentação do art. 18, § 4º, da Constituição, é possível constatar a omissão inconstitucional quanto à efetiva deliberação e aprovação da lei complementar em referência. As peculiaridades da atividade parlamentar que afetam, inexoravelmente, o processo legislativo, não justificam uma conduta manifestamente negligente ou desidiosa das Casas Legislativas, conduta esta que pode pôr em risco a própria ordem constitucional. A *inertia deliberandi* das Casas Legislativas pode ser objeto da ação direta de inconstitucionalidade por omissão. 3. A omissão legislativa em relação à regulamentação do art. 18, § 4º, da Constituição, acabou dando ensejo à conformação e à consolidação de estados de inconstitucionalidade que não podem ser ignorados pelo legislador na elaboração da lei complementar federal. 4. Ação julgada procedente para declarar o estado de mora em que se encontra o Congresso Nacional, a fim de que, em prazo razoável de 18 (dezoito) meses, adote ele todas as providências legislativas necessárias ao cumprimento do dever constitucional imposto pelo art. 18, § 4º, da Constituição, devendo ser contempladas as situações imperfeitas decorrentes do estado de inconstitucionalidade gerado pela omissão. Não se trata de impor um prazo para a atuação legislativa do Congresso Nacional, mas apenas da fixação de um parâmetro temporal razoável, tendo em vista o prazo de 24 meses determinado pelo Tribunal nas ADI nºs 2.240, 3.316, 3.489 e 3.689 para que as leis estaduais que criam municípios ou alteram seus limites territoriais continuem vigendo, até que a lei complementar federal seja promulgada contemplando as realidades desses municípios (ADI 3682, Relator(a): Min. GILMAR MENDES, Tribunal Pleno, julgado em 09/05/2007)

- **Criação de Municípios e situações consolidadas:** na mesma oportunidade, o Supremo Tribunal Federal foi obrigado a apreciar uma situação ainda mais grave e com ela relacionada. É que, durante a ausência da Lei Complementar Federal prevista no art. 18, § 4º, da CF, diversos Municípios foram efetivamente criados, violando a disposição contida no texto constitucional. Haveria, assim, verdadeiros "municípios inconstitucionais" que, em razão do reconhecimento da inconstitucionalidade por omissão, poderiam simplesmente deixar de existir. Esse potencial "caos jurídico" levou o STF a modular os efeitos do reconhecimento da inconstitucionalidade, como ocorreu no famoso caso do Município de Luis Eduardo Magalhães, na Bahia, e cuja lei de criação, declarada inconstitucional, ainda pode viger por mais 24 meses. O julgado merece referência:

AÇÃO DIRETA DE INCONSTITUCIONALIDADE. LEI N. 7.619/00, DO ESTADO DA BAHIA, QUE CRIOU O MUNICÍPIO DE LUÍS EDUARDO MAGALHÃES. INCONSTITUCIONALIDADE DE LEI ESTADUAL POSTERIOR À EC 15/96. AUSÊNCIA DE LEI COMPLEMENTAR FEDERAL PREVISTA NO TEXTO CONSTITUCIONAL. AFRONTA AO DISPOSTO NO ARTIGO 18, § 4º, DA CONSTITUIÇÃO DO BRASIL. OMISSÃO DO PODER LEGISLATIVO. EXISTÊNCIA DE FATO. SITUAÇÃO CONSOLIDADA. PRINCÍPIO DA SEGURANÇA DA JURÍDICA. SITUAÇÃO DE EXCEÇÃO, ESTADO DE EXCEÇÃO. A EXCEÇÃO NÃO SE SUBTRAI À NORMA, MAS ESTA, SUSPENDENDO-SE, DÁ LUGAR À EXCEÇÃO --- APENAS ASSIM ELA SE CONSTITUI COMO REGRA, MANTENDO-SE EM RELAÇÃO COM A EXCEÇÃO. 1. O Município foi efetivamente criado e assumiu existência de fato, há mais de seis anos, como ente federativo. 2. Existência de fato do Município, decorrente da decisão política que importou na sua instalação como ente federativo dotado de autonomia. Situação excepcional consolidada, de caráter institucional, político. Hipótese que consubstancia reconhecimento e acolhimento da força normativa dos fatos. 3. Esta Corte não pode limitar-se à prática de mero exercício de subsunção. A situação de exceção, situação consolidada – embora ainda não jurídica – não pode ser desconsiderada. 4. A exceção resulta de omissão do Poder Legislativo, visto que o impedimento de criação, incorporação, fusão e desmembramento de Municípios, desde a promulgação da Emenda Constitucional n. 15, em 12 de setembro de 1.996, deve-se à ausência de lei complementar federal. 5. Omissão do Congresso Nacional que inviabiliza o que a Constituição autoriza: a criação de Município. A não edição da lei complementar dentro de um prazo razoável consubstancia autêntica violação da ordem constitucional. 6. A criação do Município de Luís Eduardo Magalhães importa, tal como se deu, uma situação excepcional não prevista pelo direito positivo. 7. O estado de exceção é uma zona de indiferença entre o caos e o estado da normalidade. Não é a exceção que se subtrai à norma, mas a norma que, suspendendo-se, dá lugar à exceção – apenas desse modo ela se constitui como regra, mantendo-se em relação com a exceção. 8. Ao Supremo Tribunal Federal incumbe decidir regulando também essas situações de exceção. Não se afasta do ordenamento, ao fazê-lo, eis que aplica a norma à exceção desaplicando-a, isto é, retirando-a da exceção. 9. Cumpre verificar o que menos compromete a força normativa futura da Constituição e sua função de estabilização. No aparente conflito de inconstitucionalidades impor-se-ia o reconhecimento da existência válida do Município, a fim de que se afaste a agressão à federação. 10. O princípio da segurança jurídica prospera em benefício da preservação do Município. 11. Princípio da continuidade do Estado. 12. Julgamento no qual foi considerada a decisão desta Corte no MI n. 725, quando determinado que o Congresso Nacional, no prazo de dezoito meses, ao editar a lei complementar federal referida no § 4º do artigo 18 da Constituição do Brasil, considere, reconhecendo-a, a existência consolidada do Município de Luís Eduardo Magalhães. Declaração de inconstitucionalidade da lei estadual sem pronúncia de sua nulidade 13. Ação direta julgada procedente para declarar a inconstitucionalidade, mas não pronunciar a nulidade pelo prazo de 24 meses, da Lei n. 7.619, de 30 de março de 2000, do Estado da Bahia (ADI 2240, Relator(a): Min. EROS GRAU, Tribunal Pleno, julgado em 09/05/2007)

- **Criação de Municípios e a resposta do Congresso Nacional**: como visto, o STF determinou que o Congresso Nacional afastasse a situação de inércia no prazo de 18 meses. Assim, foi fixado prazo para que o complemento normativo exigido pelo art. 18, § 4º, da CF fosse criado. Na iminência do término do prazo, o Poder Legislativo não logrou êxito em elaborar uma Lei Complementar Federal que tratasse adequadamente da criação de novos Municípios. Dessa forma, para evitar uma verdadeira crise institucional, foi aprovada uma Emenda Constitucional especificamente destinada à estabilização das municipalidades criadas de forma contrária à Constituição, com a adição de mais um dispositivo ao ADCT. Confira-se: "Art. 96, ADCT. Ficam convalidados os atos de criação, fusão, incorporação e desmembramento de Municípios, cuja lei tenha sido publicada até 31 de dezembro de 2006, atendidos os requisitos estabelecidos na legislação do respectivo Estado à época de sua criação". Incrivelmente, até os dias de hoje, não foi elaborada uma Lei Complementar Federal que trate da criação, fusão e incorporação de Municípios.
- **Caso do Sistema de desoneração do ICMS e omissão inconstitucional**: em novembro de 2016, o tema dos efeitos da ação direta de inconstitucionalidade por omissão voltou ao debate. De fato, é *possível argumentar que, no julgamento da ADO 25, o STF foi além da mera eficácia mandamental*. Em síntese, a EC 42/03 criou um sistema de desoneração do ICMS e, como haverá perda para os Estado, criou um meio de entrega de recursos da União para os Estados e Municípios na proporção prevista no art. 91 do ADCT até que surgisse lei complementar para regular o tema. Sem a lei, o creditamento é de 75% para os Estados e 25% para os Municípios. Com a Lei, deverá subir para 80%. A demora, portanto, prejudica os Estados. Em 2013, o governador do Estado do Pará ajuizou a ADO 25 para que seja determinada ao Congresso Nacional a imediata adoção das providências legislativas

necessárias à elaboração da lei complementar exigida pelo artigo 91 do ADCT. O Tribunal, por unanimidade e nos termos do voto do Relator, julgou procedente a ação para declarar a mora do Congresso Nacional quanto à edição da Lei Complementar prevista no art. 91 do ADCT, *fixando o prazo de 12 meses* para que seja sanada a omissão, vencido, no ponto, o Ministro Marco Aurélio. Confira-se:

Informativo nº 849
(Brasília, 28 de novembro a 2 de dezembro de 2016)
[Na hipótese de transcorrer *in albis* o mencionado prazo, o Tribunal, por maioria], (...) "deliberou que caberá ao Tribunal de Contas da União: a) fixar o valor do montante total a ser transferido aos Estados-membros e ao DF, considerando os critérios dispostos no art. 91 do ADCT para fixação do montante a ser transferido anualmente, a saber, as exportações para o exterior de produtos primários e semielaborados, a relação entre as exportações e as importações, os créditos decorrentes de aquisições destinadas ao ativo permanente e a efetiva manutenção e aproveitamento do crédito do imposto a que se refere o art. 155, § 2º, X, *a*, do texto constitucional; b) calcular o valor das quotas a que cada um deles fará jus, considerando os entendimentos entre os Estados-membros e o Distrito Federal realizados no âmbito do Conselho Nacional de Política Fazendária – CONFAZ; e que se comunique ao Tribunal de Contas da União, ao Ministério da Fazenda, para os fins do disposto no § 4º do art. 91 do ADCT, e ao Ministério do Planejamento, Desenvolvimento e Gestão, para adoção dos procedimentos orçamentários necessários para o cumprimento da presente decisão, notadamente no que se refere à oportuna inclusão dos montes definidos pelo TCU na proposta de lei orçamentária anual da União" (ADO 25/DF, rel. Min. Gilmar Mendes, julgamento em 30.11.2016).

Capítulo 9

Arguição de descumprimento de preceito fundamental

1. Introdução

A Arguição de Descumprimento de Preceito Fundamental – ADPF – possui previsão constitucional, contudo, nos termos do texto da Constituição (art. 102, §1º, da CF/88), entendia o Supremo Tribunal Federal que se tratava de norma de eficácia limitada, ou seja, direito que apenas poderia ser exercido como a chegada de lei para tratar do assunto (STF, AgRg, Pet nº 1.140/TO).[138]

Com o advento da Lei nº 9.882/99, a ADPF foi regulamentada. Trata-se de ação autônoma que tem por escopo reparar ou evitar lesão a preceito fundamental. É, assim, um *"plus normativo em relação aos institutos de proteção aos direitos fundamentais"*.[139] Todavia, a lei não define o que seria preceito fundamental, razão pela qual apenas uma análise da jurisprudência do Supremo Tribunal Federal poderá elucidar a questão. Infelizmente, não houve manifestação para atribuir sentido expresso ao conteúdo desse conceito indeterminado razão pela qual, o ponto exige percuciente análise jurisprudencial.

Ainda a título introdutório, vale referir que a ADPF é exemplo de controle incidental, concreto e concentrado de constitucionalidade.

A ADPF foi idealizada a partir do recurso constitucional da Alemanha e do recurso de amparo da Espanha.[140] Ambos são instrumentos de controle difuso à disposição de qualquer indivíduo para questionar um ato que atinja direitos fundamentais. No direito

---

[138] BARROSO, Luís Roberto. *O controle de constitucionalidade no direito brasileiro*. 5. ed. São Paulo: Saraiva, 2011, p. 299.
[139] STRECK, Lenio Luiz. *Jurisdição constitucional e decisão jurídica*. 3. ed. São Paulo: Revista dos Tribunais, 2013, p. 903.
[140] Idem, p. 900.

brasileiro, a Lei nº 9.882/99 chegou a prever hipótese em que "qualquer pessoa lesada" poderia se valer da ação (art. 2º, II). A disposição, porém, sofreu veto presidencial. Posteriormente, o próprio STF reduziu a possibilidade de emprego da ADPF (STF, ADI nº 2.231-MC/DF). Isto não impediu, como se verá, que ela se tornasse um poderoso instrumento de controle de constitucionalidade.

2. Cabimento

Tal como ocorre com as demais ações de controle concentrado de constitucionalidade, o cabimento da ADPF deve contar com o preenchimento de dois pressupostos mínimos: um parâmetro de constitucionalidade e um objeto definido.

O **parâmetro constitucional**, na ADPF, é a norma constitucional caracterizada como preceito fundamental. O dado é relevante: não é qualquer norma que pode ser considerada parâmetro nesta ação, mas somente aqueles considerados "preceitos fundamentais" e, não é à toa, a definição é polêmica na doutrina.[141] Como adiantado, este conceito não é definido pela Constituição e nem pela Lei nº 9.882/99. Assim, a referência para sua identificação é a jurisprudência do Supremo Tribunal Federal.

O **objeto do controle**, nestes casos, é qualquer ato do Poder Público que seja lesivo ao parâmetro constitucional. Aliás, nos termos do art. 1º da Lei nº 9.882/99, a definição do objeto é abrangente: ela envolve qualquer ato do Poder Público, seja federal, estadual ou municipal. E mesmo que ainda não tenha ocorrido lesão, a ADPF pode ser empregada para evitar o dano a preceito fundamental (art. 1º, *caput*), assim, até mesmo os atos anteriores à Constituição estão abrangidos (art. 1º, parágrafo único, I).

Os dois elementos que compõem o cabimento da ADPF revelam que ela poderia ser empregada em praticamente todos os casos de inconstitucionalidade, afastando até mesmo as demais ações de controle concentrado. Em razão disso, há também um pressuposto negativo para o manejo da arguição: a sua subsidiariedade em relação às demais ações.

---

[141] "É o estudo da ordem constitucional no seu contexto normativo e nas suas relações de interdependência que permite identificar as disposições essenciais para a preservação dos princípios basilares dos preceitos fundamentais em um determinado sistema" (MENDES, Gilmar Ferreira. *Arguição de descumprimento de preceito fundamental: comentários à Lei n. 9.882, de 3-12-1999*. 2. ed. São Paulo: Saraiva, 2011, p. 151).

A **subsidiariedade** indica que a ADPF possui caráter residual, isto quer dizer que ela apenas será cabível quando não houver outra medida jurídica hábil a solucionar a controvérsia (art. 4º, § 1º, da Lei nº 9.882/99). Decorre daí que, na hipótese de ser cabível outra ação de controle concentrado (como a ADI ou a ADO), não será cabível a ADPF.[142] Há, com isso, considerável restrição ao emprego dessa ação, fato que poderia "retirar desse instituto qualquer significado prático".[143] Do princípio da subsidiariedade se extrai que a ADPF é o meio adequado para: confrontar lei municipal em face da Constituição Federal; debater matéria pré-constitucional e leis cujos efeitos já se exauriram (hipóteses em que não se admite a ADI).[144] O seu cabimento já foi aceito, inclusive, para confrontar interpretação judicial do texto constitucional (ADPF nº 101/DF).[145] Em termos diretos: *é cabível ADPF até mesmo para confrontar decisão judicial, desde que presentes os pressupostos para o seu cabimento.* A prática foi, inclusive, disseminada em casos posteriores. Confira-se:

Informativo nº 858
(Brasília, 20 a 24 de março de 2017)
É aplicável o regime dos precatórios às sociedades de economia mista prestadoras de serviço público próprio do Estado e de natureza não concorrencial.
Com essa orientação, o Plenário, por maioria, julgou procedente pedido formulado em arguição de descumprimento de preceito fundamental para cassar decisões proferidas pelo Tribunal Regional do Trabalho da 22ª Região. As deliberações resultaram em bloqueio, penhora e liberação de valores oriundos da conta única do Estado do Piauí para pagamento de verbas trabalhistas de empregados da Empresa de Gestão de Recursos do Estado do Piauí S/A (EMGERPI), estatal que compõe a administração indireta do ente federativo estadual.
Inicialmente, o Tribunal, também por maioria, converteu a apreciação do referendo da cautelar em julgamento de mérito, em respeito à economia processual e por estar a ação devidamente instruída. Considerou, ainda, ser cabível a ADPF, por estarem preenchidos os requisitos do art. 102, § 1º, da CF e da Lei 9.882/1999.
Vencido, no ponto, o ministro Marco Aurélio, que entendia inadequada a arguição, não referendava a liminar nem convertia o referendo da cautelar em julgamento

---

[142] BARROSO, Luís Roberto. *O controle de constitucionalidade no direito brasileiro.* 5. ed. São Paulo: Saraiva, 2011, p. 315. Para Gilmar Mendes, "não se verificando a existência de meio apto para solver a controvérsia constitucional relevante de forma ampla, e geral e imediata, há de se entender possível a utilização da arguição de descumprimento de preceito fundamental" (MENDES, Gilmar Ferreira. *Arguição de descumprimento de preceito fundamental: comentários à Lei n. 9.882, de 3-12-1999.* 2. ed. São Paulo: Saraiva, 2011, p. 183).
[143] MENDES, Gilmar Ferreira. *Arguição de descumprimento de preceito fundamental: comentários à Lei n. 9.882, de 3-12-1999.* 2. ed. São Paulo: Saraiva, 2011, p. 180.
[144] Idem, p. 114-130.
[145] Já se defendia em doutrina: MENDES, Gilmar Ferreira. *Arguição de descumprimento de preceito fundamental*: comentários à Lei n. 9.882, de 3-12-1999. 2. ed. São Paulo: Saraiva, 2011, p. 132.

de mérito. Em seguida, o Plenário asseverou que não se sujeitam ao regime de precatório apenas as entidades jurídicas que atuam em mercado sujeito à concorrência, permitem a acumulação ou a distribuição de lucros. Essas se submetem ao regime de execução comum das empresas controladas pelo setor privado. (...) Tendo isso em conta, o Colegiado concluiu que as decisões impugnadas estão em confronto com o regime de precatórios estabelecido no art. 100 da CF, não sendo o caso, ademais, de violação à ordem cronológica de pagamento dos precatórios nem de alocação no orçamento da entidade de dotação destinada ao pagamento da dívida. Registrou que as decisões impugnadas estão fundamentadas na inaplicabilidade do regime de precatórios às execuções das decisões judiciais contrárias à EMGERPI, ainda que as disponibilidades financeiras da empresa estivessem na conta única do Tesouro estadual. (...) (ADPF nº 387/PI, rel. Min. Gilmar Mendes, julgamento em 23/03/2017)

Como o requisito da subsidiariedade restringe sobremaneira o emprego da ADPF, já que sempre seria possível utilizar ações judiciais de controle difuso para tutela do preceito fundamental violado, a doutrina passou a defender que esse requisito estaria vinculado à existência de algum outro instrumento de controle concentrado.[146] Após, essa posição mais flexível passou a ser a defendida pelo próprio STF, ao apontar que o "meio eficaz de sanar a lesão" seria "aquele apto a solver a controvérsia constitucional relevante de forma ampla, geral e imediata. No juízo de subsidiariedade há de se ter em vista, especialmente, os demais processos objetivos já consolidados no sistema constitucional" (ADPF nº 388/DF).

A **existência de controvérsia judicial relevante** (ou interesse público relevante ou controvérsia constitucional relevante) é considerada por alguns[147] como mais um requisito para admissibilidade da ação, especialmente por já ter sido mencionada pelo STF (ADPF nº 33-MC/PA).

Mas afinal, o que se entende por preceito fundamental? Apesar de se tratar de conceito jurídico indeterminado, a jurisprudência da Suprema Corte já sinalizou no sentido de que podem ser considerados preceitos fundamentais os princípios fundamentais (art. 1º até art. 4º), os direitos e garantias individuais (art. 5º), os princípios constitucionais sensíveis (art. 34, VII) e as cláusulas pétreas (STF, ADPF nº 33-MC). No julgamento da ADPF nº 114, também foram considerados preceitos fundamentais os princípios que regem a ad-

---

[146] BARROSO, Luís Roberto. *O controle de constitucionalidade no direito brasileiro*. 5. ed. São Paulo: Saraiva, 2011, p. 314.

[147] BARROSO, Luís Roberto. *O controle de constitucionalidade no direito brasileiro*. 5. ed. São Paulo: Saraiva, 2011, p. 317; MENDES, Gilmar Ferreira. *Arguição de descumprimento de preceito fundamental: comentários à Lei n. 9.882, de 3-12-1999*. 2. ed. São Paulo: Saraiva, 2011, p. 178.

ministração pública (art. 37). A respeito do tema, confira-se a ADPF nº 33:

> É muito difícil indicar, *a priori*, os preceitos fundamentais da Constituição passíveis de lesão tão grave que justifique o processo e o julgamento da arguição de descumprimento. Não há dúvida de que alguns desses preceitos estão enunciados, de forma explícita, no texto constitucional. (...) não se poderá deixar de atribuir essa qualificação aos demais princípios protegidos pela cláusula pétrea do art. 60, § 4º, da Constituição (...) É fácil ver que a amplitude conferida às cláusulas pétreas e a ideia de unidade da Constituição (...) acabam por colocar parte significativa da Constituição sob a proteção dessas garantias. Tal tendência não exclui a possibilidade de um "engessamento" da ordem constitucional, obstando à introdução de qualquer mudança de maior significado (...). Daí afirmar-se, correntemente, que tais cláusulas hão de ser interpretadas de forma restritiva. Essa afirmação simplista, ao invés de solver o problema, pode agravá-lo, pois a tendência detectada atua no sentido não de uma interpretação restritiva das cláusulas pétreas, mas de uma interpretação restritiva dos próprios princípios por elas protegidos. Essa via, em lugar de permitir fortalecimento dos princípios constitucionais contemplados nas "garantias de eternidade", como pretendido pelo constituinte, acarreta, efetivamente, seu enfraquecimento. Assim, parece recomendável que eventual interpretação restritiva se refira à própria garantia de eternidade sem afetar os princípios por ela protegidos (...). (...) Essas assertivas têm a virtude de demonstrar que o efetivo conteúdo das "garantias de eternidade" somente será obtido mediante esforço hermenêutico. Apenas essa atividade poderá revelar os princípios constitucionais que, ainda que não contemplados expressamente nas cláusulas pétreas, guardam estreita vinculação com os princípios por elas protegidos e estão, por isso, cobertos pela garantia de imutabilidade que delas dimana. (...) Ao se deparar com alegação de afronta ao princípio da divisão de poderes de Constituição estadual em face dos chamados "princípios sensíveis" (representação interventiva), assentou o notável Castro Nunes lição que, certamente, se aplica à interpretação das cláusulas pétreas: "(...). Os casos de intervenção prefigurados nessa enumeração se enunciam por declarações de princípios, comportando o que possa comportar cada um desses princípios como dados doutrinários, que são conhecidos na exposição do direito público. E por isso mesmo ficou reservado o seu exame, do ponto de vista do conteúdo e da extensão e da sua correlação com outras disposições constitucionais, ao controle judicial a cargo do STF. Quero dizer com estas palavras que a enumeração é limitativa como enumeração. (...) A enumeração é taxativa, é limitativa, é restritiva, e não pode ser ampliada a outros casos pelo Supremo Tribunal. Mas cada um desses princípios é dado doutrinário que tem de ser examinado no seu conteúdo e delimitado na sua extensão. Daí decorre que a interpretação é restritiva apenas no sentido de limitada aos princípios enumerados; não o exame de cada um, que não está nem poderá estar limitado, comportando necessariamente a exploração do conteúdo e fixação das características pelas quais se defina cada qual deles, nisso consistindo a delimitação do que possa ser consentido ou proibido aos Estados (Repr. 94, rel. min. Castro Nunes, *Archivo Judiciário* 85/31, 34-35, 1947)" (ADPF 33 MC, voto do rel. min. Gilmar Mendes, julgado em 29/10/2003).

Na jurisprudência do Supremo Tribunal Federal, diversos casos são indicativos para uma definição de preceito fundamental. Há uma crescente valorização da ADPF para definir a extensão e concretização de direitos fundamentais. Assim, o STF já considerou inserido no âmbito dos preceitos fundamentais: (a) o direito ao meio ambiente ecologicamente equilibrado e a busca pelo desenvolvimento sustentável (ADPF nº 101/DF); (b) a plena liberdade de imprensa (ADPF nº 130/DF); (c) o direito à vida e a proteção da autonomia, da liberdade, da privacidade e da saúde (ADPF nº 54/DF); (d) a igualdade em sentido material (ADPF nº 186/DF); (e) a dignidade, a segurança, a integridade física e moral dos presos (ADPF-MC nº 347/DF);[148] (f) o direito à liberdade de orientação sexual como liberdade existencial do indivíduo (ADPF nº 291/DF); (g) o sistema de governo, a separação de poderes, a soberania popular, o direito ao devido processo legislativo e as garantias procedimentais no curso da apuração de crime de responsabilidade (ADPF nº 378/DF). Neste último caso, o STF estabeleceu, através de ADPF, quais seriam as regras procedimentais do processo de impedimento da então Presidente da República Dilma Roussef (e que foi posteriormente cassada).[149]

Por fim, o Supremo Tribunal Federal já entendeu que é possível conhecer ADPF como se fosse ADI (aplicação da fungibilidade): "Entendeu demonstrada a impossibilidade de se conhecer da ação

---

[148] Confira-se: "Cabível é a arguição de descumprimento de preceito fundamental considerada a situação degradante das penitenciárias no Brasil. (...) Presente quadro de violação massiva e persistente de direitos fundamentais, decorrente de falhas estruturais e falência de políticas públicas e cuja modificação depende de medidas abrangentes de natureza normativa, administrativa e orçamentária, deve o sistema penitenciário nacional ser caraterizado como "estado de coisas inconstitucional" (...) Ante a situação precária das penitenciárias, o interesse público direciona à liberação das verbas do Fundo Penitenciário Nacional.(...) Estão obrigados juízes e tribunais, (...), a realizarem, em até noventa dias, audiências de custódia, viabilizando o comparecimento do preso perante a autoridade judiciária no prazo máximo de 24 horas, contado do momento da prisão."(Info nº 798) (STF, ADPF nº 347/DF- MC).

[149] Confira-se trecho do julgamento: "A presente ação tem por objeto central analisar a compatibilidade do rito de *impeachment* de Presidente da República previsto na Lei nº 1.079/1950 com a Constituição de 1988. A ação é cabível, mesmo se considerarmos que requer, indiretamente, a declaração de inconstitucionalidade de norma posterior à Constituição e que pretende superar omissão parcial inconstitucional. Fungibilidade das ações diretas que se prestam a viabilizar o controle de constitucionalidade abstrato e em tese. Atendimento ao requisito da subsidiariedade, tendo em vista que somente a apreciação cumulativa de tais pedidos é capaz de assegurar o amplo esclarecimento do rito do impeachment por parte do STF.(...) Convertido o julgamento da medida cautelar em definitivo, a fim de promover segurança jurídica no processo de impeachment, foram acolhidos em parte os pedidos formulados pelo autor, nos seguintes termos: 1. Item "f" (equivalente à cautelar "a"): denegação, de modo a afirmar que não há direito a defesa prévia ao ato de recebimento pelo Presidente da Câmara dos Deputados previsto no art. 19 da Lei nº 1.079/1950" (STF, ADPF nº 378/DF).

como ADPF, em razão da existência de outro meio eficaz para impugnação da norma, qual seja a ADI, porquanto o objeto do pedido principal é a declaração de inconstitucionalidade de preceito autônomo por ofensa a dispositivos constitucionais, restando observados os demais requisitos necessários à propositura da ação direta" (STF, ADPF nº 72/PA).

3. Legitimidade

A **legitimidade ativa** para a propositura da ADPF tem assento no texto constitucional (art. 103 da CF/88) e vem previsto na legislação infraconstitucional no art. 2º, I, da Lei nº 9.882/99. No texto original da lei, havia previsão para que qualquer pessoa pudesse utilizar a ADPF.[150] Essa disposição, porém, foi vetada pelo então Presidente da República (art. 2º, II, Lei nº 9.882/99).

Não foi vetada, porém, a disposição que faculta qualquer interessado a apresentar representação perante o Procurador-Geral da República para que este, caso considere presentes os pressupostos para o ajuizamento, ajuíze a ADPF perante o Supremo Tribunal Federal (art. 2º, § 1º, Lei nº 9.882/99). De todo modo, a decisão sobre o cabimento do ingresso em juízo da ação neste caso caberá ao Procurador-Geral da República.

A **legitimidade passiva**, na ADPF, é da autoridade ou órgão responsável pelo ato que esteja violando ou ameaçando preceito fundamental.[151]

4. Procedimento

O procedimento da ADPF vem detalhado no artigo 3º até o artigo 12 da Lei nº 9.882/99. Não há grandes diferenças em relação aos demais procedimentos do controle concentrado, havendo inclusive aplicação por analogia das regras pertinentes à ADI. Apenas para exemplificar, mesmo sem previsão legal expressa, o STF já admitiu o ingresso *de amicus curiae* em ADPF (STF, ADPF nº 54/DF).

---

[150] MENDES, Gilmar Ferreira. *Arguição de descumprimento de preceito fundamental: comentários à Lei n. 9.882, de 3-12-1999*. 2. ed. São Paulo: Saraiva, 2011, p.156.

[151] BARROSO, Luís Roberto. *O controle de constitucionalidade no direito brasileiro*. 5. ed. São Paulo: Saraiva, 2011, p. 323.

A petição inicial deve apresentar os requisitos para o cabimento da ação, inclusive com a indicação do preceito fundamental violado e do ato questionado (art. 3º da Lei nº 9.882/99).

> Art. 3º A petição inicial deverá conter:
> I – a indicação do preceito fundamental que se considera violado;
> II – a indicação do ato questionado;
> III – a prova da violação do preceito fundamental;
> IV – o pedido, com suas especificações;
> V – se for o caso, a comprovação da existência de controvérsia judicial relevante sobre a aplicação do preceito fundamental que se considera violado.
> Parágrafo único. A petição inicial, acompanhada de instrumento de mandato, se for o caso, será apresentada em duas vias, devendo conter cópias do ato questionado e dos documentos necessários para comprovar a impugnação.

É possível o indeferimento imediato da inicial, e a decisão pode ser desafiada por meio de agravo (art. 4º, da Lei nº 9.882/99). Acrescente-se que a participação do Advogado-Geral da União não é obrigatória, mas uma faculdade conferida ao relator (art. 5º, § 2º). Evidentemente, também é cabível tutela de urgência ("medida cautelar") (art. 5º, *caput*, da Lei nº 9.882/99).

A "**medida cautelar**" observa regramento similar à ADI, inclusive quanto ao quórum de maioria absoluta para a concessão da medida urgente (art. 5º, *caput*). Quanto ao procedimento, como regra, as partes podem ser ouvidas, pois: "o relator poderá ouvir os órgãos ou autoridades responsáveis pelo ato questionado, bem como o Advogado-Geral da União ou o Procurador-Geral da República, no prazo comum de cinco dias" (art. 5º, § 2º), sendo admitida, inclusive, sustentação oral (STF, ADPF nº 316-MC/DF), mas em caso de extrema urgência, o relator poderá tomar a decisão *ad referendum* do plenário (art. 5º, § 1º).

Acrescente-se que a medida cautelar pode consistir: (a) na determinação para que juízes e tribunais suspendam o andamento de processo ou os efeitos de decisões judiciais, salvo se decorrente da coisa julgada; (b) na determinação de qualquer outra medida que apresente relação com a matéria objeto da ADPF (art. 5º, § 3º, Lei nº 9.882/99). Essa última hipótese ("qualquer outra medida") inclui a suspensão imediata da eficácia do ato.

Diferente do que ocorre na ADC, em que o prazo da medida cautelar é de 180 dias, não há um prazo fixado em lei para a duração da tutela de urgência.[152] O STF, por seu turno, já aplicou analogicamente a Lei nº 9.868/99 para que a cautelar tivesse prazo de 180 dias (art. 21). O próprio Tribunal, porém, já flexibilizou esse prazo (STF, ADPF nº 130-QO/DF – "caso da Lei de Imprensa"). No caso da "Anencefalia", por exemplo, foi determinada a suspensão de todos os processos criminais que versavam sobre a imputação do crime de aborto de feto anencéfalo sem a fixação de qualquer prazo (STF, ADPF nº 54-QO/DF).

5. Efeitos (da decisão)

A decisão tomada em julgamento de ADPF pela maioria absoluta dos membros do Supremo Tribunal Federal produz os efeitos típicos do controle concentrado de constitucionalidade (art. 8º da Lei nº 9.882/99). Trata-se de efeito vinculante, *erga omnes* e *ex tunc* (art. 10, § 3º).[153] Além disso, serão fixadas as condições e o modo de interpretação e aplicação do preceito fundamental objeto da ação (art. 10, *caput*). Autoriza-se, portanto, que o Supremo fixe *os meios* para que o preceito fundamental seja plenamente aplicado, fato que confirma a importância ímpar desse dispositivo para a jurisdição constitucional.[154]

Há possibilidade de modulação temporal dos efeitos (art. 11 da Lei nº 9.882/99). Em caso de procedência, haverá reconhecimento de que o ato impugnado violou preceito fundamental e, portanto, deve ser repelido. Não há óbice para que haja declaração de inconstitucionalidade em sede de ADPF.[155] O cumprimento da decisão deverá ocorrer imediatamente (art. 10, §1º da Lei nº 9.882/99).

A decisão final é insuscetível de recursos, salvo embargos de declaração. Ela também não poderá ser atacada por ação rescisória (art. 12 da Lei nº 9.882/99).

---

[152] MENDES, Gilmar Ferreira. *Arguição de descumprimento de preceito fundamental: comentários à Lei n. 9.882, de 3-12-1999*. 2. ed. São Paulo: Saraiva, 2011, p. 196.

[153] BARROSO, Luís Roberto. *O controle de constitucionalidade no direito brasileiro*. 5. ed. São Paulo: Saraiva, 2011, p. 337; MENDES, Gilmar Ferreira. *Arguição de descumprimento de preceito fundamental: comentários à Lei n. 9.882, de 3-12-1999*. 2. ed. São Paulo: Saraiva, 2011, p. 325.

[154] JOBIM, Marco Félix. *Medidas estruturantes: da Suprema Corte Estadunidense ao Supremo Tribunal Federal*. Porto Alegre: Livraria do Advogado, 2013, p. 183.

[155] MENDES, Gilmar Ferreira. *Arguição de descumprimento de preceito fundamental: comentários à Lei n. 9.882, de 3-12-1999*. 2. ed. São Paulo: Saraiva, 2011, p. 269 e ss.

Capítulo 10

Representação interventiva

1. Introdução

Trata-se de instrumento relacionado com a unidade da Federação. Como regra, não é dado a um ente da federação interferir nos assuntos dos outros. A Constituição Federal de 1988 ressalva situações excepcionais em que é possível que a União interfira nos Estados ou no Distrito Federal (art. 34) ou em que os Estados interfiram nos Municípios (art. 35). Apesar da palavra "representação", a natureza jurídica desse instrumento processual é controvertida, prevalecendo a posição de que se trata de verdadeira "ação".[156]

A ação interventiva, ou representação interventiva, é condição para a União intervir nos Estados ou DF no caso de violação dos princípios constitucionais sensíveis (art. 34, VII, CF/88) ou recusa a execução de lei federal (art. 34, VI, CF/88).[157] A sua finalidade é deflagrar a **intervenção federal**, afastando a autonomia do ente político de modo a restaurar a observância do princípio constitucional sensível violado. Com a procedência da ação, fato ainda inédito após 1988,[158] o Presidente da República deverá decretar a interven-

---

[156] "Cuida-se de procedimento fincado a meio caminho entre a fiscalização da lei in thesi e aquela realizada in casu. Trata-se, pois, de uma variante da fiscalização concreta realizada por meio de ação direta" (CLÈVE, Clèmerson Merlin. *A fiscalização abstrata da constitucionalidade no direito brasileiro*. 2. ed. São Paulo: Revista dos Tribunais, 2000, p. 125). Nesse sentido, não seria uma mera "representação", mas sim manifestação do direito de "ação" (Idem, p. 128).

[157] O seu objeto, portanto, não é a declaração de inconstitucionalidade, mas sim a solução de um conflito entre os entes políticos (CLÈVE, op. cit., p. 129).

[158] "Em levantamento retrospectivo sumário e sem pretensão de ser exaustivo, contabilizam-se, sob a Constituição de 1946, intervenções nos Estados de Alagoas (1957), Goiás (1964) de novo Alagoas (1966). No período entre 1936-1937, houve intervenção no Maranhão, Mato Grosso, Distrito Federal, Rio Grande do Sul e Rio de Janeiro. E entre 1920 e 1930, houve decreto de intervenção nos Estados da Bahia, Espírito Santo, Rio de Janeiro e Pernambuco. Como se constata singelamente, a ocorrência de intervenção federal em Estados encontra diversos precedentes na experiência brasileira" (BARROSO, Luís Roberto. *O controle de constitucionalidade no direito brasileiro*. 5. ed. São Paulo: Saraiva, 2011, p. 343).

ção federal no ente político. Acrescente-se que a ação foi regulada pela Lei nº 12.562/11.

2. Cabimento

Não é qualquer norma que serve como **parâmetro constitucional** na ação interventiva, mas sim os princípios constitucionais sensíveis (art. 34, VII, da CF/88) ou a recusa à execução de lei federal (art. 34, VI, da CF/88).

> Art. 34, CF/88. A União não intervirá nos Estados nem no Distrito Federal, exceto para:
> (...)
> VI – prover a execução de lei federal, ordem ou decisão judicial;
> VII – assegurar a observância dos seguintes princípios constitucionais:
> a) forma republicana, sistema representativo e regime democrático;
> b) direitos da pessoa humana;
> c) autonomia municipal;
> d) prestação de contas da administração pública, direta e indireta;
> e) aplicação do mínimo exigido da receita resultante de impostos estaduais, compreendida a proveniente de transferências, na manutenção e desenvolvimento do ensino e nas ações e serviços públicos de saúde.

O **objeto do controle** é qualquer ato, normativo ou administrativo, comissivo ou omissivo, desde que praticado por órgão ou autoridade do Estado-Membro, Distrito Federal ou Municípios situados em Território Federal.

Os **Municípios** não se submetem à intervenção da União, inobstante seja possível a intervenção estadual, visto que "os Municípios situados no âmbito dos Estados-membros não se expõem à possibilidade constitucional de sofrerem intervenção decretada pela União Federal, eis que, relativamente a esses entes municipais, a única pessoa política ativamente legitimada a neles intervir é o Estado-membro. (...) Por isso mesmo, no sistema constitucional brasileiro, falece legitimidade ativa à União Federal para intervir em quaisquer Municípios, ressalvados, unicamente, os Municípios "localizados em Território Federal..." (CF, art. 35, *caput*). (IF nº 590/QO, rel. min. Celso de Mello, julgado em 17-9-1998). A única ressalva, portanto, diz respeito aos Municípios localizados em Território Federal (que atualmente não existem), hipótese em que a intervenção da União seria viável. Bom esclarecer que os territórios funcionavam como verdadeiras Autarquias. Eram denominados, inclusive,

"Autarquias Territoriais" Federais, daí por que a possibilidade de intervenção da União.

O problema do descumprimento de decisões judiciais pelo Poder Público assola o Direito brasileiro. Questiona-se, assim, se o descumprimento de decisão judicial autoriza o emprego da representação interventiva. Vale lembrar que uma das hipóteses de cabimento é justamente "prover a execução de decisão judicial" (art. 34, VI, CF/88). No âmbito do Supremo Tribunal Federal, porém prevalece o entendimento de que somente o descumprimento intencional e voluntário autoriza a intervenção federal. Nesse sentido, já se decidiu que a insuficiência financeira para o pagamento de precatórios é justificativa idônea para que não haja o pagamento e, consequentemente, não haja intervenção:

> INTERVENÇÃO FEDERAL. Pagamento de precatório judicial. Descumprimento voluntário e intencional. Não ocorrência. Inadimplemento devido a insuficiência transitória de recursos financeiros. Necessidade de manutenção de serviços públicos essenciais, garantidos por outras normas constitucionais. Precedentes. Não se justifica decreto de intervenção federal por não pagamento de precatório judicial, quando o fato não se deva a omissão voluntária e intencional do ente federado, mas a insuficiência temporária de recursos financeiros (IF nº 5101, Relator Min. CEZAR PELUSO (Presidente), Tribunal Pleno, julgado em 28/03/2012).

3. Legitimidade

A **legitimidade ativa** é exclusiva do Procurador-Geral da República (art. 36, III, da CF/88). Discute-se na doutrina se o papel do Ministério Público neste caso é de representar a União ou defender a ordem jurídica no que tange à harmonia do pacto federativo.[159] É certo, por outro lado, que não se aplica o catálogo de legitimados do artigo 103 da CF/88.

A **legitimidade passiva**, por sua vez, é do ente político cuja intervenção é pretendida (Estado-Membro, Distrito Federal ou Municípios situados em Território Federal).

4. Procedimento

Não há grandes digressões acerca do procedimento da ação interventiva, notadamente porque não há na história recente caso de

---

[159] BARROSO, Luís Roberto. *O controle de constitucionalidade no direito brasileiro*. 5. ed. São Paulo: Saraiva, 2011, p. 347.

procedência desta ação. A petição inicial deve apresentar os pressupostos para o cabimento da ação (art. 3º) e, como nas demais ações de controle concentrado, é possível o indeferimento liminar do pedido (art. 4º). O legitimado passivo deverá prestar informações no prazo de dez dias (art. 6º), com manifestação do Advogado-Geral da União e do Procurador-Geral da República no mesmo prazo (art. 6º, § 1º).

A representação interventiva não possui, como regra, uma fase instrutória embora seja possível (art. 7º). Todavia, é importante destacar que o relator poderá realizar os atos necessários para "tentar dirimir o conflito", conforme preceitua o art. 6º, § 2º, da Lei nº 12.562/2011: "recebida a inicial, o relator deverá tentar dirimir o conflito que dá causa ao pedido, utilizando-se dos meios que julgar necessários, na forma do regimento interno".

A decisão final deverá ser tomada com a presença de oito Ministros (art. 9º) e somente será julgada procedente com a formação de maioria absoluta. Significa dizer que há necessidade de seis Ministros favoráveis à intervenção (art. 10).

5. Efeitos (da decisão)

(1º) **Efeito declaratório**: trata-se do reconhecimento, pelo Poder Judiciário, de que houve violação a princípio constitucional sensível autorizador da intervenção federal.[160]

(2º) **Efeito mandamental**: em caso de procedência, o Presidente do Supremo Tribunal Federal dará ciência ao Presidente da República para que, em prazo improrrogável de 15 dias, seja dado cumprimento aos atos inerentes à intervenção (art. 36, §§ 1º e 3º, da CF/88). Conforme célebre lição doutrinária, antes de decretar a intervenção, cumprirá à autoridade suspender o ato impugnado e, se essa medida for suficiente para o restabelecimento do pacto federativo, não se justificará a intervenção.[161]

A decretação da intervenção federal é um **dever** do Presidente da República, e não uma escolha, tratando-se de verdadeiro ato vinculado. Configura crime de responsabilidade, inclusive, deixar de dar cumprimento à decisão da Suprema Corte (art. 12 da Lei nº 1.079/50).

---

[160] CLÈVE, Clèmerson Merlin. *A fiscalização abstrata da constitucionalidade no direito brasileiro*. 2. ed. São Paulo: Revista dos Tribunais, 2000, p. 137.

[161] Idem, p. 137; BARROSO, Luís Roberto. *O controle de constitucionalidade no direito brasileiro*. 5. ed. São Paulo: Saraiva, 2011, p. 344.

Art. 36, CF/88 (...)

§ 1º O decreto de intervenção, que especificará a amplitude, o prazo e as condições de execução e que, se couber, nomeará o interventor, será submetido à apreciação do Congresso Nacional ou da Assembleia Legislativa do Estado, no prazo de vinte e quatro horas.

§ 2º Se não estiver funcionando o Congresso Nacional ou a Assembleia Legislativa, far-se-á convocação extraordinária, no mesmo prazo de vinte e quatro horas.

§ 3º Nos casos do art. 34, VI e VII, ou do art. 35, IV, dispensada a apreciação pelo Congresso Nacional ou pela Assembleia Legislativa, o decreto limitar-se-á a suspender a execução do ato impugnado, se essa medida bastar ao restabelecimento da normalidade.

§ 4º Cessados os motivos da intervenção, as autoridades afastadas de seus cargos a estes voltarão, salvo impedimento legal.

Capítulo 11

Controle de constitucionalidade nos Estados-Membros

1. Introdução

Em razão do modelo federativo brasileiro, a organização judiciária constitucional atribui a resolução de determinados conflitos individuais para o plano dos Estados-Membros (Justiça Estadual) e, até mesmo, confere a possibilidade de controle direto da constitucionalidade de determinados atos e normas jurídicas. Nessa linha, é possível identificar manifestações do controle difuso de constitucionalidade e do controle concentrado de constitucionalidade perante os Estados-Membros.

2. Controle difuso de constitucionalidade

No que diz respeito ao controle difuso, basta recordar que qualquer juiz possui legitimidade constitucional para contrastar qualquer ato com a Constituição. Nesse sentido, a jurisdição dos Estados-Membros realiza constante controle de constitucionalidade diante dos casos que lhe é apresentado.

Vale lembrar, por outro lado, que a declaração de inconstitucionalidade realizada pelos tribunais se dá mediante procedimento específico em que se observe: (a) o quórum de maioria absoluta de seus membros; (b) a reserva de plenário ou, no tribunal em que houver, do órgão especial (cláusula constitucional do *full bench*), nos termos do art. 97 da CF/88. Trata-se do incidente de arguição de inconstitucionalidade (art. 948-950, NCPC).

3. Controle concentrado de constitucionalidade

A Constituição Federal também determinou que os Estados-Membros instituíssem "representação de inconstitucionalidade" para que fosse possível a fiscalização da constitucionalidade dos atos em face das **Constituições Estaduais** (art. 125, § 2º, da CF/88). De fato, cada Estado-Membro "está autorizado a instituir mecanismos próprios de controle de constitucionalidade de leis estaduais e municipais antitéticas às Constituições Estaduais".[162] Essa "representação de inconstitucionalidade" é o equivalente estadual à ação direta de inconstitucionalidade e apresenta as seguintes características:

- **Parâmetro e objeto**: somente leis ou atos normativos estaduais ou municipais (objeto) podem ser contrastados em face de norma constitucional estadual (parâmetro). Perceba-se que leis estaduais podem ser combatidas via controle concentrado (ou abstrato) de constitucionalidade tanto perante o Supremo Tribunal Federal, quando ofendem a Constituição Federal, quanto perante Tribunal de Justiça, quando ofendem Constituição Estadual. Dito de outra forma, do controle abstrato estadual decorre que as leis estaduais sofrem dupla fiscalização, tanto por meio de ADI no Tribunal de Justiça e tendo como parâmetro a Constituição Estadual, como perante o Supremo Tribunal Federal e tendo como parâmetro a Constituição Federal. Em razão dessa dupla fiscalização, a pendência de processo objetivo perante o STF suspenderá eventual processo perante o TJ (STF, PET nº 2701 AgR/SP). Vale registrar que as dúvidas sobre essa tema forma recentemente pacificadas pelo STF, mediante julgamento com repercussão geral e cuja tese foi assim fixada (STF, RE nº 650.898/RS):

    1) Tribunais de Justiça podem exercer controle abstrato de constitucionalidade de leis municipais utilizando como parâmetro normas da Constituição Federal, desde que se trate de normas de reprodução obrigatória pelos Estados; e 2) O art. 39, § 4º, da Constituição Federal não é incompatível com o pagamento de terço de férias e décimo terceiro salário.

- **Legitimidade**: A legitimidade é definida pela Constituição estadual, sendo apenas certo que é "vedada a atribuição a um único órgão" (art. 125, § 2º, da CF/88). No caso do Rio Grande do Sul, por exemplo, a legitimidade para dar início ao controle concentrado é ampla. Confira-se:

    Art. 95, CE (...)
    § 1º Podem propor a ação de inconstitucionalidade de lei ou ato normativo estadual, ou por omissão: I – o Governador do Estado; II – a Mesa da Assembleia Legislativa; III – o Procurador-Geral de Justiça; IV – o Defensor Público-Geral do Estado; V – o Conselho Seccional da Ordem dos Advogados do Brasil; VI – partido político com representação na Assembleia Legislativa; VII – entidade sindical ou de classe de âmbito nacional ou estadual; VIII – as entidades de defesa do meio ambiente, dos

---

[162] STRECK, Lenio Luiz. *Jurisdição constitucional e decisão jurídica*. 3. ed. São Paulo: Revista dos Tribunais, 2013, p. 836.

direitos humanos e dos consumidores, de âmbito nacional ou estadual, legalmente constituídas; IX – o Prefeito Municipal; X – a Mesa da Câmara Municipal.

§ 2º Podem propor a ação de inconstitucionalidade de lei ou ato normativo municipal, ou por omissão: I – o Governador do Estado; II – o Procurador-Geral de Justiça; III – o Prefeito Municipal; IV – a Mesa da Câmara Municipal; V – partido político com representação na Câmara de Vereadores; VI – entidade sindical; VII – o Conselho Seccional da Ordem dos Advogados do Brasil; VIII – o Defensor Público-Geral do Estado; IX – as entidades de defesa do meio ambiente, dos direitos humanos e dos consumidores legalmente constituídas; X – associações de bairro e entidades de defesa dos interesses comunitários legalmente constituídas há mais de um ano.

- **Competência**: Tribunal de Justiça do Estado-Membro.
- **Efeitos da decisão**: Os efeitos da decisão produzida com o julgamento são os mesmos do julgamento da ADI. Haverá então **efeito vinculante**, **erga omnes** e *ex tunc*.
- **Recurso extraordinário em controle concentrado estadual**: Excepcionalmente, pode surgir caso em que o parâmetro da Constituição Estadual seja norma de observância obrigatória pelo Estado-Membro.[163] Nesse caso, a violação não seria só da norma fundamental estadual, mas também da própria Constituição Federal e como o Tribunal de Justiça não tem essa competência, buscando-se evitar a hipótese de o Tribunal de Justiça usurpar função do próprio Supremo Tribunal Federal, surge a possibilidade de interposição do recurso extraordinário contra o acórdão do Tribunal local em controle abstrato estadual para que a Suprema Corte se manifeste sobre a interpretação da lei estadual ou municipal perante o texto constitucional. De fato, cabe recurso extraordinário, se presentes seus pressupostos, da decisão.[164] A consequência final disso é a possibilidade de exame em controle abstrato de lei municipal perante a Constituição Federal.

---

[163] Sobre a distinção consultar HORTA, Raul Machado. *Normas centrais da Constituição Federal*. Ano. 34, n. 135. Brasília, jul./ste. 1997, p. 178; SANTANNA, Gustavo da Silva; SCALABRIN, Felipe. Cabimento da ação direta de inconstitucionalidade em face de lei municipal que afronta norma de reprodução obrigatória e o exemplo do Município de Alvorada. *Boletim Governet de Administração Pública e Gestão Municipal*, v. 68, p. 613-618, 2017.

[164] CLÈVE, Clèmerson Merlin. *A fiscalização abstrata da constitucionalidade no direito brasileiro*. 2. ed. São Paulo: Revista dos Tribunais, 2000, p. 396.

Capítulo 12

Mandado de segurança impetrado por parlamentar

1. Introdução

O mandado de segurança (*writ*, *mandamus*) é a ação que possibilita a proteção de "direito líquido e certo, não amparado por habeas corpus ou habeas data, quando o responsável pela ilegalidade ou abuso de poder for autoridade pública ou agente de pessoa jurídica no exercício de atribuições do Poder Público" (art. 5º, LXIX, CF/88). Trata-se de garantia constitucional que pode ser manejada por qualquer indivíduo ou, até mesmo, pela via coletiva (art. 5º, LXX, CF/88).[165]

O mandado de segurança pode ser considerado um dos mais antigos remédios para a tutela jurisdicional dos direitos fundamentais, razão pela qual ostenta relevância ímpar para um Estado Democrático de Direito. Na ordem jurídica brasileira, foi uma inovação da Constituição de 1934, posteriormente detalhado através da Lei 1.533/51 e refinado pela Lei 12.016/09. Atualmente, é verdadeira "ação constitucional" conferida pela ordem jurídica para a tutela célere de lesões que possam ser praticadas pelo Poder Público.

No âmbito do controle de constitucionalidade, a importância do mandado de segurança nem sempre é assumida pela doutrina. Todavia, a jurisprudência reconhece a possibilidade de sua utilização por parlamentar diretamente perante o Supremo Tribunal Federal para a defesa de direito líquido e certo relacionado com o devido processo legislativo constitucional. Vale lembrar que, em grande medida, o processo legislativo é detalhado no texto consti-

---

[165] MENDES, Gilmar Ferreira; BRANCO, Paulo Gustavo Gonet. *Curso de direito constitucional*. 8. ed. São Paulo: Saraiva, 2013, p. 423.

tucional e, caso não seja observado no momento de elaboração da lei, haverá inevitável *inconstitucionalidade formal* da norma jurídica.

Haverá, pois, controle de constitucionalidade judicial preventivo (já que a norma possivelmente inconstitucional ainda não está vigente). Acrescente-se que essa modalidade de controle é incidental, pois o objeto da ação diz respeito ao direito líquido e certo eventualmente violado do parlamentar. A classificação, neste caso, tem relevância prática. Como não existe controle concentrado abstrato preventivo no direito brasileiro, a Suprema Corte não admite o cabimento de mandado de segurança para essa finalidade. Vale lembrar, ainda, que não cabe mandado de segurança contra lei em tese (Súmula nº 266 do STF).

- **Caso da Nova Lei das Telecomunicações**: vale registrar que o STF avançou significativamente no que tange à possibilidade de emprego do mandado de segurança para tutela do devido processo constitucional. No caso da "Nova Lei das Telecomunicações", cujo Projeto de Lei (PLC nº 79/2016) trazia substancial mudança para o regime jurídico das telecomunicações no Brasil, houve a remessa do projeto para sanção presidencial logo após a votação em comissão e sem a apreciação de recursos apresentados, fato que levaria a competência para o plenário (art. 58, § 2º, I, da CF/88). A oposição, através de treze Senadores, impetrou mandado de segurança perante o STF e a medida liminar foi deferida pelo Min. Roberto Barroso para determinar o retorno do projeto para apreciação, sem a possibilidade de nova remessa à sanção até o julgamento definitivo do *writ* (STF, MS nº 34.562/DF). O caso ainda não foi definitivamente julgado.

2. Cabimento

Vários requisitos devem ser preenchidos para que o juízo de admissibilidade do mandado de segurança seja superado.[166] Tais requisitos podem ser identificados na própria Lei 12.016/09. No caso de *writ* impetrado por parlamentar, algumas peculiaridades[167] ainda devem ser observadas.

---

[166] Não é pretenso destas Lições tratar de forma exauriente acerca do mandado de segurança, mas apenas trazer as indicações necessárias para que se conheça a possibilidade de seu emprego como instrumento do controle de constitucionalidade.

[167] Para a doutrina: "se cuida de uma utilização especial do mandado de segurança, não exatamente para assegurar direito líquido e certo de parlamentar, mas para resolver peculiar conflito de atribuições ou 'conflito entre órgãos'" (MENDES, Gilmar Ferreira; BRANCO, Paulo Gustavo Gonet. *Curso de direito constitucional*. 8. ed. São Paulo: Saraiva, 2013, p. 428).

Em linhas gerais, os requisitos de admissibilidade são os seguintes: (a) que o sujeito coator do direito seja uma autoridade pública; (b) que haja alguma violação à ordem jurídica por essa autoridade; (c) que essa violação atinja direto não amparado por *habeas corpus* ou *habeas data*; (d) que essa violação atinja direito líquido e certo; (e) que a impetração seja tempestiva, já que o mandado de segurança se sujeita a prazo decadencial de 120 dias (art. 23, Lei 12.016/09).

O **direito líquido e certo** seguramente é o requisito mais controvertido para a admissão do mandado de segurança.[168] Com efeito, exige-se uma especial qualidade do direito pleiteado. Na célebre concepção de Pontes de Miranda, direito líquido e certo é aquele demonstrável mediante prova documental. Assim, não se admite dilação probatória em mandado de segurança. É que o aprofundamento no exame das provas desvirtuaria o conceito de certeza e liquidez do direito. Aliás, ainda neste tópico, é imperioso registrar que a "certeza do direito" diz respeito às questões de fatos – estas sim que devem ser demonstradas mediante prova documental. É irrelevante, portanto, que haja controvérsia jurídica sobre a questão de direito controvertida (Súmula 625, STF).

No caso de mandado de segurança impetrado por parlamentar, o **objeto** da ação será o ato da Mesa Diretora (da Câmara dos Deputados ou do Senado Federal) que importe em violação ao devido processo legislativo constitucional. Aliás, verifica-se com facilidade o parâmetro para o controle judicial incidental da constitucionalidade. De fato, o **parâmetro** será sempre alguma norma constitucional acerca do devido processo legislativo constitucional,[169] e não previsão constitucional genérica – como, em vão – já se tentou.[170]

É importante frisar, uma vez mais, que o cabimento do mandado de segurança tem como pressuposto a violação ou ameaça de violação a direito líquido e certo (artigo 1º da Lei nº 12.016/09). Nesta hipótese, o direito líquido e certo é a observância do devido processo legislativo constitucional (art. 44-69, CF/88). Assim, caso seja realizado algum ato contrário a tais normas, torna-se cabível o mandado de segurança.

---

[168] Sobre o tema, consultar: CÂMARA, Alexandre Freitas. *Manual do Mandado de Segurança*. 2. ed. São Paulo: Atlas, 2014; BARBI, Celso Agrícola. *Do mandado de segurança*. 10. ed. Rio de Janeiro: Forense, 2002.

[169] MENDES, Gilmar Ferreira; BRANCO, Paulo Gustavo Gonet. *Curso de direito constitucional*. 8. ed. São Paulo: Saraiva, 2013, p. 428.

[170] MS 24138, Relator Min. Gilmar Mendes, Tribunal Pleno, julgado em 28/11/2002.

Destaque-se que é irrelevante a espécie normativa cuja proposta é objeto de deliberação (projeto de lei, projeto de lei complementar, proposta de emenda à Constituição etc.). Há, porém, três indagações que merecem resposta expressa.

(a) *Cabe mandado de segurança caso haja violação ao Regimento Interno da Casa parlamentar?* A resposta é negativa. Isto porque questões relacionadas a Regimento Interno são consideradas *interna corporis* e, portanto, insuscetíveis de fiscalização pelo Poder Judiciário (separação de Poderes). Confira-se:

CONSTITUCIONAL. MANDADO DE SEGURANÇA. ATOS DO PODER LEGISLATIVO: CONTROLE JUDICIAL. ATO INTERNA CORPORIS: MATÉRIA REGIMENTAL. I. – Se a controvérsia é puramente regimental, resultante de interpretação de normas regimentais, trata-se de ato interna corporis, imune ao controle judicial, mesmo porque não há alegação de ofensa a direito subjetivo. II. – Mandado de Segurança não conhecido (MS 24356, Relator(a): Min. CARLOS VELLOSO, Tribunal Pleno, julgado em 13/02/2003)

(b) *Cabe mandado de segurança para questionar o conteúdo do projeto de lei?* A resposta também é negativa. Isto porque o parâmetro é exclusivamente o devido processo legislativo. Apenas será analisada eventual inconstitucionalidade formal da proposição. Trata-se, novamente, de privilegiar a separação de poderes. Não cabe, por exemplo, *writ* para discutir o mérito do veto aposto pelo Presidente da República a proposta legislativa já votada pelo Congresso Nacional.[171] O controle preventivo material, por outro lado, foi objeto de intenso debate no Supremo Tribunal Federal no mandado de segurança que discutia o PL nº 4.470/12 (estabelecia "que a migração partidária que ocorrer durante a legislatura não importará na transferência dos recursos do fundo partidário e do horário de propaganda eleitoral no rádio e na televisão") através dos votos do Min. Gilmar Mendes (favorável ao *writ*) e Teori Zavascki (contrário ao *writ*). Prevaleceu, ao final, a posição desse último em julgamento que merece transcrição:

CONSTITUCIONAL. MANDADO DE SEGURANÇA. CONTROLE PREVENTIVO DE CONSTITUCIONALIDADE MATERIAL DE PROJETO DE LEI. INVIABILIDADE. 1. Não se admite, no sistema brasileiro, o controle jurisdicional de constitucionalidade material de projetos de lei (controle preventivo de normas em curso de formação). O que a jurisprudência do STF tem admitido, como exceção, é "a legitimidade do parlamentar – e somente do parlamentar – para impetrar mandado de segurança com a finalidade de coibir atos praticados no processo de aprovação de lei ou emenda constitucional incompatíveis com disposições constitucionais que disciplinam o processo legislativo" (MS 24.667, Pleno, Min. Carlos Velloso, DJ de 23.04.04). Nessas excepcionais situações, em que o vício de inconstitucionalidade está diretamente relacionado a aspectos formais e procedimentais da atuação legislativa, a impetração de segurança é admissível, segundo a jurisprudência do

---

[171] STF, MS nº 33.694 AgR, Relator Min. Cármen Lúcia, Tribunal Pleno, jul. em 07/10/2015.

STF, porque visa a corrigir vício já efetivamente concretizado no próprio curso do processo de formação da norma, antes mesmo e independentemente de sua final aprovação ou não. 2. Sendo inadmissível o controle preventivo da constitucionalidade material das normas em curso de formação, não cabe atribuir a parlamentar, a quem a Constituição nega habilitação para provocar o controle abstrato repressivo, a prerrogativa, sob todos os aspectos mais abrangente e mais eficiente, de provocar esse mesmo controle antecipadamente, por via de mandado de segurança. 3. A prematura intervenção do Judiciário em domínio jurídico e político de formação dos atos normativos em curso no Parlamento, além de universalizar um sistema de controle preventivo não admitido pela Constituição, subtrairia dos outros Poderes da República, sem justificação plausível, a prerrogativa constitucional que detém de debater e aperfeiçoar os projetos, inclusive para sanar seus eventuais vícios de inconstitucionalidade. Quanto mais evidente e grotesca possa ser a inconstitucionalidade material de projetos de leis, menos ainda se deverá duvidar do exercício responsável do papel do Legislativo, de negar-lhe aprovação, e do Executivo, de apor-lhe veto, se for o caso. Partir da suposição contrária significaria menosprezar a seriedade e o senso de responsabilidade desses dois Poderes do Estado. E se, eventualmente, um projeto assim se transformar em lei, sempre haverá a possibilidade de provocar o controle repressivo pelo Judiciário, para negar-lhe validade, retirando-a do ordenamento jurídico. 4. Mandado de segurança indeferido (MS 32.033, Relator Min. Gilmar Mendes, Relator p/ Acórdão Min. Teori Zavascki, Tribunal Pleno, julgado em 20/06/2013).

(c) *E quando se tratar de proposta de emenda à Constituição, é cabível a impetração do mandamus?* Neste caso, há que se ponderar que a própria Constituição Federal estabelece que determinadas matérias sequer podem ser objeto de deliberação (art. 60, § 4º, da CF/88), razão pela qual o STF poderá realizar um juízo material de inconstitucionalidade e determinar o sobrestamento da mencionada PEC.[172]

3. Legitimidade

A **legitimidade ativa**, conforme já adiantado, é de parlamentar federal, isto é, Deputado Federal ou Senador da República. Os partidos políticos não possuem legitimidade para impetrar mandado de segurança nestes casos, já que se trata de um direito exclusivo do parlamentar. Além disso, "a perda superveniente de titularidade do mandato legislativo tem efeito desqualificador da legitimidade ativa do congressista", gerando óbice processual para o seguimento

---

[172] STF, MS 20.257, Relator Min. Décio Miranda, Relator p/Acórdão Min. Moreira Alves, Tribunal Pleno, julgado em 08/10/1980; MS 24875, Relator Min. Sepúlveda Pertence, Tribunal Pleno, julgado em 11/05/2006.

regular da ação,[173] já que o mandado de segurança é ação personalíssima.[174]

A **legitimidade passiva**, por sua vez, leva em consideração que a autoridade coatora é a Mesa Diretora da respectiva Casa (da Câmara dos Deputados ou do Senado Federal), já que ela é a responsável pela condução do respectivo processo legislativo. Além disso, como a pessoa jurídica a que integra a autoridade também deve constar no polo passivo (art. 6°, *caput*, da Lei n° 12.016/09), caberá à União figurar no polo passivo da demanda em conjunto com a autoridade coatora.

4. Procedimento

O procedimento do mandado de segurança impetrado por parlamentar não tem peculiaridades. Observará, assim, o regramento geral previsto na Lei n° 12.016/09 e no Regimento Interno do STF (art. 203-205, RISTF). Em síntese, a petição inicial deve ser apresentada com o preenchimento dos requisitos de admissibilidade e demais elementos exigidos em lei (art. 6° da Lei n° 12.016/09).

Após, caberá ao relator notificar a autoridade coatora para prestar informações no prazo de dez dias e dar ciência do feito ao órgão de representação judicial da pessoa jurídica interessada (art. 7°, I e II). Além disso, admite-se tutela de urgência em mandado de segurança (art. 7°, III, da Lei n° 12.016/09). O Relator poderá, por exemplo, determinar a imediata suspensão do ato impugnado quando houver fundamento relevante (art. 203, § 1°, RISTF).

No seguimento, deverá o Procurador-Geral da República se manifestar no prazo de dez dias (art. 12, parágrafo único). Como não há dilação probatória em mandado de segurança, a ação estará pronta para julgamento. A *competência é do Plenário* do STF, e não das suas Turmas (art. 5°, V, RISTF – com redação pela Emenda Regimental n° 49 de 2014). Por outro lado, quando a matéria for objeto de jurisprudência consolidada, admite-se o julgamento monocrático (art. 205, RISTF).

A decisão final ostenta conteúdo eminentemente mandamental, determinando que a autoridade coatora se abstenha de praticar o ato lesivo ou desfaça o ato já praticado.

---

[173] STF, MS 27.971, Relator. Min. Celso de Mello, decisão monocrática, julg. em 01/07/2011.
[174] SANTANNA, Gustavo da Silva. *Direito administrativo: série objetiva*. 4. ed., Porto Alegre: Verbo Jurídico, 2015, p. 406.

5. Efeitos (da decisão)

A decisão final, no mandado de segurança impetrado por parlamentar, ostenta basicamente duas eficácias preponderantes:
(1º) **Efeito declaratório**: trata-se do reconhecimento, pelo Poder Judiciário, de que houve violação ao devido processo legislativo constitucional.
(2º) **Efeito mandamental**: em caso de procedência da ação, determina-se que o ato declarado contrário à Constituição seja afastado.

Capítulo 13

Técnicas decisórias no controle de constitucionalidade

O direito brasileiro, conforme já adiantado, adota a teoria da nulidade dos atos inconstitucionais. Significa dizer que, ao apreciar a constitucionalidade do ato, o tribunal irá considerar que o vício está presente desde a origem. Normalmente o controle de constitucionalidade é pensado a partir de um binômio: ou a norma é inconstitucional ou não é. Assim, o juízo de inconstitucionalidade comportaria apenas duas soluções: sim ou não. Essa, pois, é a consequência tradicional da análise acerca da constitucionalidade do ato. Desde longa data, porém, essa solução causa preocupação para a doutrina.[175]

Com efeito, em razão dos perigos da aplicação pura e simples da solução tradicional, variadas técnicas decisórias surgem para mitigar esse pensamento e permitem soluções diferentes para o problema da inconstitucionalidade dos atos.

A seguir, uma breve exposição indicativa e inicial[176] das principais técnicas decisórias em controle de constitucionalidade. Vale registrar que não se pretende aqui apresentar uma padronização acerca dos meios como se decide, até porque são todos eles "produto da complexidade com que se reveste o processo hermenêutico, que, antes de ser uma técnica ou um método, deve ser analisado filosoficamente, porque a norma é produto de nosso modo de nos comportarmos no mundo".[177]

---

[175] MENDES, Gilmar Ferreira. *Jurisdição constitucional*: o controle abstrato de normas no Brasil e na Alemanha. 6. ed. São Paulo: Saraiva, 2014, p. 292.

[176] Com detalhes, consultar Gilmar Ferreira Mendes, idem, p. 357-471.

[177] STRECK, Lenio Luiz. *Jurisdição constitucional e decisão jurídica*. 3. ed. São Paulo: Revista dos Tribunais, 2013, p. 750.

1. Declaração de inconstitucionalidade com pronúncia de nulidade

A declaração de inconstitucionalidade com pronúncia de nulidade é o modelo tradicional do direito brasileiro.[178] Neste caso, o ato ou norma é declarado inconstitucional e é reconhecida a sua **nulidade**. Aponta-se que é o modelo clássico porque presente desde os primórdios do controle de constitucionalidade, tanto no sistema norte-americano ("... *an act of the Legislature repugnant to the Constitution is void*"),[179] como no sistema alemão ("*Das Gesetz ist verfassungwidrig um daher nichtig*").[180]

A consequência da adoção dessa técnica decisória de maneira irrestrita é que, declarada a inconstitucionalidade, tudo o que foi praticado na observância do ato ou norma inconstitucional também está maculado pela invalidade.[181]

2. Declaração de inconstitucionalidade sem pronúncia de nulidade

A declaração de inconstitucionalidade sem pronúncia de nulidade ocorre quando o ato ou norma é declarado inconstitucional, mas não há reconhecimento de sua nulidade. Essa técnica é empregada quando o reconhecimento da nulidade causaria mais prejuízos do que a manutenção do ato ou norma na ordem jurídica.[182] É também denominada: declaração de inconstitucionalidade com limitação de efeitos ou declaração de inconstitucionalidade com efeitos restritos.

A consequência da adoção dessa técnica decisória é que, apesar da declaração de inconstitucionalidade, os atos praticados com base no ato ou norma inconstitucional não são considerados carecedores de licitude.

---

[178] MENDES, Gilmar Ferreira. *Jurisdição constitucional: o controle abstrato de normas no Brasil e na Alemanha*. 6. ed. São Paulo: Saraiva, 2014, p. 359.

[179] "Certainly all those who have framed written Constitutions contemplate them as forming the fundamental and paramount law of the nation, and consequently the theory of every such government must be that an act of the Legislature repugnant to the Constitution is void" (Marbury v. Madison, 5 U.S. 1 Cranch 137, 1803).

[180] MENDES, op. cit., p. 292.

[181] Idem, p. 363.

[182] "Assim, o princípio da nulidade somente será afastado in concreto se, a juízo do próprio Tribunal, se puder afirmar que a declaração de nulidade acabaria por distanciar-se ainda mais da vontade constitucional" (Idem, p. 375).

3. Declaração de inconstitucionalidade parcial com redução de texto

A declaração de inconstitucionalidade parcial com redução de texto ocorre quando o ato ou norma é declarado inconstitucional parcialmente, de modo que o STF apenas irá reconhecer a inconstitucionalidade de alguma expressão do texto desafiado. Haverá "redução de texto" porque a interpretação dada pelo STF será no sentido de que o dispositivo legal somente é constitucional se for suprimida uma parte do texto. É por isso que essa inconstitucionalidade é "parcial": em razão do texto que agora foi suprimido. Confira-se o exemplo proveniente da jurisprudência:

> Ação direta de inconstitucionalidade. Artigo 1º da Medida Provisória nº 2.027-43, de 27 de setembro de 2000, na parte que altera o Decreto-Lei nº 3.365, de 21 de junho de 1941, introduzindo o artigo 15-A, com seus parágrafos, e alterando a redação do § 1º do artigo 27. – Esta Corte já firmou o entendimento de que é excepcional o controle judicial dos requisitos da urgência e da relevância de Medida Provisória, só sendo esse controle admitido quando a falta de um deles se apresente objetivamente, o que, no caso, não ocorre. – Relevância da argüição de inconstitucionalidade da expressão "de até seis por cento ao ano" no "caput" do artigo 15-A em causa em face do enunciado da súmula 618 desta Corte. – Quanto à base de cálculo dos juros compensatórios contida também no "caput" desse artigo 15-A, para que não fira o princípio constitucional do prévio e justo preço, deve-se dar a ela interpretação conforme à Constituição, para se ter como constitucional o entendimento de que essa base de cálculo será a diferença eventualmente apurada entre 80% do preço ofertado em juízo e o valor do bem fixado na sentença. – Relevância da argüição de inconstitucionalidade dos §§ 1º e 2º do mesmo artigo 15-A, com fundamento em ofensa ao princípio constitucional da prévia e justa indenização. – A única conseqüência normativa relevante da remissão, feita pelo § 3º do aludido artigo 15-A está na fixação dos juros no percentual de 6% ao ano, o que já foi decidido a respeito dessa taxa de juros. – É relevante a alegação de que a restrição decorrente do § 4º do mencionado artigo 15-A entra em choque com o princípio constitucional da garantia do justo preço na desapropriação. – Relevância da argüição de inconstitucionalidade do § 1º do artigo 27 em sua nova redação, no tocante à expressão "não podendo os honorários ultrapassar R$ 151.000,00 (cento e cinqüenta e um mil reais)". Deferiu-se em parte o pedido de liminar, para suspender, no "caput" do artigo 15-A do Decreto-Lei nº 3.365, de 21 de junho de 1941, introduzido pelo artigo 1º da Medida Provisória nº 2.027-43, de 27 de setembro de 2000, e suas sucessivas reedições, a eficácia da expressão "de até seis por cento ao ano"; para dar ao final desse "caput" interpretação conforme a Constituição no sentido de que a base de cálculo dos juros compensatórios será a diferença eventualmente apurada entre 80% do preço ofertado em juízo e o valor do bem fixado na sentença; e para suspender os §§ 1º e 2º e 4º do mesmo artigo 15-A e a expressão "não podendo os honorários ultrapassar R$ 151.000,00 (cento e

cinqüenta e um mil reais)" do § 1º do artigo 27 em sua nova redação (ADI 2332 MC, Relator(a): Min. MOREIRA ALVES, Tribunal Pleno, julgado em 05/09/2001).

A inconstitucionalidade parcial com redução de texto poderia conduzir o Poder Judiciário a uma indevida aproximação com o Poder Legislativo, afinal, suprimir apenas uma parcela do texto normativo é quase equivalente a legislar. Por essa razão, como limite à atuação jurisdicional, a doutrina afirma que essa técnica não permite a subversão total daquilo que está escrito, sob pena de afronta à separação de Poderes.[183]

4. Declaração de inconstitucionalidade parcial sem redução de texto

A declaração de inconstitucionalidade parcial sem redução de texto ocorre quando o ato ou norma é declarado inconstitucional parcialmente, de modo que o STF irá reconhecer a inconstitucionalidade sem afastar qualquer expressão do texto desafiado. Trata-se, portanto, de uma redução no âmbito de aplicação da norma jurídica sem que o texto seja considerado inconstitucional.

A inconstitucionalidade sem redução de texto tem expressa autorização legal (art. 28 da Lei 9.868/99). Para um segmento da doutrina equivale à interpretação conforme à Constituição. Há, porém, quem apresente claras diferenças entre ambas as figuras.[184] Confira-se o exemplo:

> Ação direta de inconstitucionalidade. Lei 8.039, de 30 de maio de 1990, que dispõe sobre critérios de reajuste das mensalidades escolares e da outras providencias. – Em face da atual Constituição, para conciliar o fundamento da livre iniciativa e do princípio da livre concorrência com os da defesa do consumidor e da redução das desigualdades sociais, em conformidade com os ditames da justiça social, pode o Estado, por via legislativa, regular a política de preços de bens e de serviços, abusivo que e o poder economico que visa ao aumento arbitrario dos lucros. – Não e, pois, inconstitucional a Lei 8.039, de 30 de maio de 1990, pelo só fato de ela dispor sobre critérios de rea-

---

[183] MENDES, Gilmar Ferreira. *Jurisdição constitucional: o controle abstrato de normas no Brasil e na Alemanha*. 6. ed. São Paulo: Saraiva, 2014, p. 387.

[184] "Ainda que não se possa negar a semelhança dessas categorias e a proximidade do resultado prático de sua utilização, é certo que, enquanto na interpretação conforme à Constituição se tem, dogmaticamente, a declaração de que uma lei é constitucional com a interpretação que lhe é conferida pelo órgão judicial, constata-se, na declaração de nulidade sem redução de texto, a expressa exclusão, por inconstitucionalidade, de determinadas hipóteses de aplicação do programa normativo sem que se produza alteração expressa do texto legal" (MENDES, Gilmar Ferreira; BRANCO, Paulo Gustavo Gonet. *Curso de direito constitucional*. 8. ed. São Paulo: Saraiva, 2013, p. 1269). No mesmo sentido: STRECK, Lenio Luiz. *Jurisdição constitucional e decisão jurídica*. 3. ed. São Paulo: Revista dos Tribunais, 2013, p. 774.

juste das mensalidades das escolas particulares. – Exame das inconstitucionalidades alegadas com relação a cada um dos artigos da mencionada Lei. Ofensa ao princípio da irretroatividade com relação a expressão "marco" contida no § 5º do artigo 2º da referida Lei. Interpretação conforme a Constituição aplicada ao "caput" do artigo 2º, ao § 5º desse mesmo artigo e ao artigo 4º, todos da Lei em causa. Ação que se julga procedente em parte, para declarar a inconstitucionalidade da expressão "marco" contida no § 5º do artigo 2º da Lei nº 8.039/90, e, parcialmente, o "caput" e o § 2º do artigo 2º, bem como o artigo 4º os tres em todos os sentidos que não aquele segundo o qual de sua aplicação estao ressalvadas as hipóteses em que, no caso concreto, ocorra direito adquirido, ato jurídico perfeito e coisa julgada (ADI 319 QO, Relator(a): Min. MOREIRA ALVES, Tribunal Pleno, julgado em 03/03/1993).

5. Interpretação conforme à Constituição

A interpretação conforme à Constituição (*Verfassungskonforme Auslegung*) ocorre quando não há uma declaração de inconstitucionalidade, mas sim uma definição do âmbito de interpretação de um ato ou norma jurídica. Trata-se de ferramenta relevantíssima para a "constitucionalização dos textos infraconstitucionais".[185] Neste caso, o tribunal definirá qual ou quais sentidos de um texto são harmônicos com a Constituição e quais implicariam uma inconstitucionalidade.

Com efeito, a interpretação conforme a Constituição diferencia o enunciado linguístico da norma de seus significados normativos para identificar qual dos significados pode ser empregado e qual não pode ser utilizado. Não se trata, porém, de diferenciar os momentos da interpretação e da aplicação da norma jurídica. Pelo contrário, a interpretação conforme à Constituição também se insere na circularidade hermenêutica do ordenamento jurídico considerado como um todo.[186]

---

[185] STRECK, Lenio Luiz. *Jurisdição constitucional e decisão jurídica*. 3. ed. São Paulo: Revista dos Tribunais, 2013, p. 746.

[186] O tema é amplamente aprofundado nas obras de Lenio Streck, especialmente quando menciona que a intepretação conforme à Constituição é um produto do processo de síntese hermenêutica inevitavelmente circular: "Não há uma *subtilas inteligendi*, uma *subtilas interpretandi* e, por fim, uma *subtilas applicandi*. Interpretar é aplicar. O intérprete não se depara com o texto da Constituição separado da realidade social e dos textos normativos infraconstitucionais. Mesmo quando o tribunal realiza o controle abstrato de constitucionalidade, terá em vista o campo de aplicação daquela norma. (...) Dito de outro modo, a interpretação conforme, a nulidade parcial sem redução de texto, as sentenças construtivas etc., seja o nome que se dê aos diversos tipos de normas extraídas dos textos, somente ganha forma em face da inexorabilidade da plurivocidade sígnica com que se revestem os textos jurídicos, que, muito embora por vezes apareçam claros, uma vez contextualizados no interior do conjunto de normas do sistema (não esqueçamos que o ser é sempre ser-em), perdem o sentido de base, para receber uma atribuição de sentido (Sinngebung), que refoge, em muitos casos, daquele mesmo signifi-

Há vários exemplos de interpretação conforme à Constituição na jurisprudência do Supremo Tribunal Federal.

Em um dos casos mais conhecidos, que tratava da criminalização de manifestações públicas em defesa da legalização de certas substâncias entorpecentes ("caso da marcha da maconha"), o Tribunal julgou procedente arguição de descumprimento de preceito fundamental (ADPF), para dar, ao artigo 287 do Código Penal, que trata justamente do delito de "apologia ao crime", interpretação conforme à Constituição, "de forma a excluir qualquer exegese que possa ensejar a criminalização da defesa da legalização das drogas, ou de qualquer substância entorpecente específica, inclusive através de manifestações e eventos públicos" (STF, ADPF nº 187/DF).

Em outro famoso julgamento, o STF se debruçou sobre a constitucionalidade do art. 1.723 do Código Civil – dispositivo que reconhece a união estável "entre homem e mulher" – em face das relações homoafetivas. Ao final do julgamento, a Corte julgou procedente a ação para excluir da interpretação do art. 1723 do Código Civil qualquer interpretação que impedisse o reconhecimento de união estável entre pessoas do mesmo sexo. Confira-se, a propósito, o trecho final da ementa:

> (...) 6. INTERPRETAÇÃO DO ART. 1.723 DO CÓDIGO CIVIL EM CONFORMIDADE COM A CONSTITUIÇÃO FEDERAL (TÉCNICA DA "INTERPRETAÇÃO CONFORME"). RECONHECIMENTO DA UNIÃO HOMOAFETIVA COMO FAMÍLIA. PROCEDÊNCIA DAS AÇÕES. Ante a possibilidade de interpretação em sentido preconceituoso ou discriminatório do art. 1.723 do Código Civil, não resolúvel à luz dele próprio, faz-se necessária a utilização da técnica de "interpretação conforme à Constituição". Isso para excluir do dispositivo em causa qualquer significado que impeça o reconhecimento da união contínua, pública e duradoura entre pessoas do mesmo sexo como família. Reconhecimento que é de ser feito segundo as mesmas regras e com as mesmas consequências da união estável heteroafetiva. (ADPF 132, Relator Min. Ayres Britto, Tribunal Pleno, julgado em 05/05/2011)

6. Declaração de constitucionalidade provisória (inconstitucionalidade progressiva)

A declaração de constitucionalidade provisória ocorre quando o ato ou norma é declarado constitucional, mas o tribunal reconhece que há uma situação de transitoriedade para uma possível inconstitucionalidade. Assim, a norma é declarada constitucional,

---

cado de base" (STRECK, Lenio Luiz. *Jurisdição constitucional e decisão jurídica*. 3. ed. São Paulo: Revista dos Tribunais, 2013, p. 749).

mas o STF reconhece que, no futuro, a mesma situação pode não mais ser considerada como tal: há uma progressiva decaída que poderá tornar o ato ou norma contrários à Constituição. Trata-se de uma inconstitucionalização ou inconstitucionalidade progressiva.

Em tais casos, o que se verifica é o reconhecimento de que a situação de fato que justifica a manutenção da constitucionalidade da norma é transitória, podendo ser passível de mudança no tempo apta a justificar que aquela norma se tornou inconstitucional.

A questão já foi enfrentada pelo STF, no passado, quando decidiu que o prazo em dobro para a Defensoria Pública recorrer, previsto no art. 5º, § 5º, da Lei 1.060/50, seria constitucional enquanto a Defensoria Pública não estivesse concretamente organizada.[187] Em outra oportunidade, o STF reconheceu a constitucionalidade do artigo que atribui ao Ministério Público a legitimidade para buscar a reparação civil da vítima do delito que não possui recursos financeiros (art. 68 do CPP). Novamente, a Corte destacou o dispositivo marcharia para a inconstitucionalidade na medida em que a Defensoria Pública passa a ser estruturada:

> Ministério Público: legitimação para promoção, no juízo cível, do ressarcimento do dano resultante de crime, pobre o titular do direito à reparação: C. Pr. Pen., art. 68, ainda constitucional (cf. RE 135328): processo de inconstitucionalização das leis. 1. A alternativa radical da jurisdição constitucional ortodoxa entre a constitucionalidade plena e a declaração de inconstitucionalidade ou revogação por inconstitucionalidade da lei com fulminante eficácia ex tunc faz abstração da evidência de que a implementação de uma nova ordem constitucional não é um fato instantâneo, mas um processo, no qual a possibilidade de realização da norma da Constituição – ainda quando teoricamente não se cuide de preceito de eficácia limitada – subordina-se muitas vezes a alterações da realidade fáctica que a viabilizem. 2. No contexto da Constituição de 1988, a atribuição anteriormente dada ao Ministério Público pelo art. 68 C. Pr. Penal – constituindo modalidade de assistência judiciária – deve reputar-se transferida para a Defensoria Pública: essa, porém, para esse fim, só se pode considerar existente, onde e quando organizada, de direito e de fato, nos moldes do art. 134 da própria Constituição e da lei complementar por ela ordenada: até que – na União ou em cada Estado considerado –, se implemente essa condição de viabilização da cogitada transferência constitucional de atribuições, o art. 68 C. Pr. Pen. será considerado ainda vigente: é o caso do Estado de São Paulo, como decidiu o plenário no RE 135328 (RE 147776, Relator Min. Sepúlveda Pertence, Primeira Turma, julgado em 19/05/1998).

---

[187] Assim: "Não é de ser reconhecida a inconstitucionalidade do § 5 do art. 1 da Lei n 1.060, de 05.02.1950, acrescentado pela Lei n 7.871, de 08.11.1989, no ponto em que confere prazo em dobro, para recurso, às Defensorias Públicas, ao menos até que sua organização, nos Estados, alcance o nível de organização do respectivo Ministério Público, que é a parte adversa, como órgão de acusação, no processo da ação penal pública" (HC 70514, Relator(a): Min. SYDNEY SANCHES, Tribunal Pleno, julgado em 23/03/1994).

7. Declaração do estado de coisas inconstitucional

Por fim, mas não menos importante, a declaração do estado de coisas inconstitucional consiste em uma especial declaração de inconstitucionalidade fundamentada na constatação de **violações generalizadas, contínuas e sistemáticas de direitos fundamentais**.

Trata-se de construção jurisprudencial da Corte Constitucional da Colômbia (*Sentencia* SU-559, de 6/11/1997), que aceita a declaração do estado de coisas inconstitucional quando "existir quadro insuportável de violação massiva de direitos fundamentais, decorrente de atos comissivos e omissivos praticados por diferentes autoridades públicas, agravado pela inércia continuada dessas mesmas autoridades" e que, por essa razão, cobram uma postura enérgica e ativa do Poder Judiciário".[188]

Além do reconhecimento formal da grave situação, a declaração busca "a construção de soluções estruturais, dialógicas e pactuadas voltadas à superação desse lamentável panorama de violação massiva de direitos das populações vulneráveis em face de ações e omissões lesivas do poder público".[189] Tudo indica que se trata de um avanço na possibilidade de adoção de verdadeiras "medidas estruturantes" por parte do Poder Judiciário.[190]

Na jurisprudência brasileira, o primeiro pedido de declaração de estado de coisas inconstitucional foi formulada na ADPF nº 347/DF. Na petição inicial, alega-se que a situação atual do sistema penitenciário brasileiro viola inúmeros preceitos fundamentais da Constituição Federal e, portanto, há uma violação generalizada e sistemáticas de direitos fundamentais. Na inicial, são apresenta-

---

[188] CAMPOS, Carlos Alexandre de Azevedo. Jota Mundo: Estado de Coisas Inconstitucional. Disponível em: <http://jota.info/jotamundo-estado-de-coisas-inconstitucional>, acesso em 03.01.2016; sobre os pressupostos e a evolução histórica no direito estrangeiro do tema, confira-se: CAMPOS, Carlos Alexandre de Azevedo. Estado de Coisas Inconstitucional. Salvador: Juspodivm, 2016.

[189] CUNHA JR, Dirley da. *Controle de constitucionalidade: teoria e prática*. 8. ed. Salvador: JusPodivm, 2016, p. 382.

[190] Na esteira de Owen Fiss, defensor da doutrina da reforma estrutural, Marco Félix Jobim destaca a possibilidade de adoção, no Brasil, de um modelo de jurisdição constitucional autorizada a promover o enfrentamento das estruturas sociais contrárias aos valores constitucionalmente assegurados. As decisões judiciais, enquanto injunctions, poderiam concretamente convergir para a operacionalização desses valores. O autor cita, inclusive, duas oportunidades em que o Supremo Tribunal Federal teria adotado postura nesse sentido, a saber, quando do julgamento do caso "Raposa Serra do Sol" e quando do julgamento do caso do direito de greve dos servidores públicos (JOBIM, Marco Félix. *Medidas estruturantes: da Suprema Corte Estadunidense ao Supremo Tribunal Federal*. Porto Alegre: Livraria do Advogado, 2013, p. 214-215).

das variadas medidas que deveriam ser determinadas pelo próprio Supremo para afastar essa situação de inconstitucionalidade.

Em 09/09/2015, porém, o plenário do STF apreciou o pedido de medida cautelar versado na inicial e – de fato – reconheceu o estado de coisas inconstitucional. Na mesma oportunidade, foram impostas *medidas concretas de urgência* para tentar reduzir a situação gravosa. A cautelar restou assim ementada:

> CUSTODIADO – INTEGRIDADE FÍSICA E MORAL – SISTEMA PENITENCIÁRIO – ARGUIÇÃO DE DESCUMPRIMENTO DE PRECEITO FUNDAMENTAL – ADEQUAÇÃO. Cabível é a arguição de descumprimento de preceito fundamental considerada a situação degradante das penitenciárias no Brasil. SISTEMA PENITENCIÁRIO NACIONAL – SUPERLOTAÇÃO CARCERÁRIA – CONDIÇÕES DESUMANAS DE CUSTÓDIA – VIOLAÇÃO MASSIVA DE DIREITOS FUNDAMENTAIS – FALHAS ESTRUTURAIS – ESTADO DE COISAS INCONSTITUCIONAL – CONFIGURAÇÃO. Presente quadro de violação massiva e persistente de direitos fundamentais, decorrente de falhas estruturais e falência de políticas públicas e cuja modificação depende de medidas abrangentes de natureza normativa, administrativa e orçamentária, deve o sistema penitenciário nacional ser caraterizado como "estado de coisas inconstitucional". FUNDO PENITENCIÁRIO NACIONAL – VERBAS – CONTINGENCIAMENTO. Ante a situação precária das penitenciárias, o interesse público direciona à liberação das verbas do Fundo Penitenciário Nacional. AUDIÊNCIA DE CUSTÓDIA – OBSERVÂNCIA OBRIGATÓRIA. Estão obrigados juízes e tribunais, observados os artigos 9.3 do Pacto dos Direitos Civis e Políticos e 7.5 da Convenção Interamericana de Direitos Humanos, a realizarem, em até noventa dias, audiências de custódia, viabilizando o comparecimento do preso perante a autoridade judiciária no prazo máximo de 24 horas, contado do momento da prisão (ADPF 347 MC, Relator(a): Min. MARCO AURÉLIO, Tribunal Pleno, julgado em 09/09/2015)

Com relação a essa ação, vale registrar que ainda não houve a conclusão do julgamento pelo Supremo Tribunal Federal.

Referências bibliográficas

ALEXY, Robert. *Teoria dos Direitos Fundamentais*. São Paulo: Malheiros, 2008.

ANTUNES DA CUNHA, Guilherme Cardoso; COSTA, Miguel do Nascimento; SCALABRIN, Felipe. *Lições de processo civil: recursos*. Porto Alegre: Livraria do Advogado, 2017.

AYRES BRITTO, Carlos. Distinção entre Controle Social do Poder e Participação Popular. *Revista de Direito Administrativo (RDA)*, Rio de Janeiro, nº 189, pp. 114-122, jul./set., 1992.

BAPTISTA DA SILVA, Ovídio A. "Ação" e ações na história do processo civil moderno. In: COSTA, Eduardo José da Fonseca *et. al.* (Coord.). *Teoria Quinária da Ação: estudos em homenagem a Pontes de Miranda nos 30 anos do seu falecimento*. Salvador: Juspodivm, 2010.

——. A função dos tribunais superiores. Genesis: *Revista de Direito Processual Civil*, Curitiba, 1999. n.13, p.485-498.

——. Limites objetivos da coisa julgada no direito brasileiro atual. In: *Sentença e coisa julgada*: ensaios. 3. ed. Porto Alegre: Sergio Antonio Fabris Editor, 1995.

ÁVILA, Humberto. "Neoconstitucionalismo": entre a "ciência do direito" e o "direito da ciência". *Revista Eletrônica de Direito do Estado*, nº 17, jan/mar 2009, disponível em: <http://www.direitodoestado.com>. Acesso em 26/12/2015.

BARBI, Celso Agrícola. *Do mandado de segurança*. 10. ed. Rio de Janeiro: Forense, 2002.

BARROSO, Luis Roberto. *Curso de direito constitucional contemporâneo*. 4. ed. São Paulo: Saraiva, 2013.

——. *O controle de constitucionalidade no direito brasileiro*. 5. ed. São Paulo: Saraiva, 2011.

BARZOTTO, Luis Fernando. *Democracia na Constituição de 1988*, A. São Leopoldo: Unisinos, 2003.

BONAVIDES, Paulo. *Curso de direito constitucional*. 29. ed. São Paulo: Malheiros, 2014.

——. *Do Estado Liberal ao Estado Social*. 20ª ed. São Paulo: Malheiros, 1994.

——. *Teoria constitucional da democracia participativa*: por um direito constitucional de luta e resistência, por uma nova hermenêutica, por uma repolitização da legitimidade. 2ª ed. São Paulo: Malheiros, 2003.

CÂMARA, Alexandre Freitas. *Manual do Mandado de Segurança*. 2ª ed. São Paulo: Atlas, 2014.

CANOTILHO, José Joaquim Gomes. *Direito constitucional e teoria da Constituição*. 7. ed. Coimbra: Almedina, 2003.

——; MENDES, Gilmar; SARLET, Ingo W.; STRECK, Lenio Luiz (Coords.). *Comentários à Constituição do Brasil*. São Paulo: Saraiva/Almedina, 2013.

CAPPELLETTI, Mauro. *Juízes Legisladores?* Tradução de Carlos Alberto Álvaro de Oliveira. Porto Alegre: Sergio Antonio Fabris, 1993.

——. *O controle judicial de constitucionalidade das leis no direito comparado*. 2. ed., reimpr. Porto Alegre: Safe, 1999.

CLÈVE, Clèmerson Merlin. *A fiscalização abstrata da constitucionalidade no direito brasileiro*. 2. ed. São Paulo: Revista dos Tribunais, 2000.

COSTA, Miguel do Nascimento. Direito Fundamental à resposta correta e adequada à Constituição. In: *Constituição, Economia e Desenvolvimento: Revista da Academia Brasileira de Direito Constitucional*. Curitiba, 2013,vol. 5, n. 8, Jan.-Jun. p. 170-189.

CUNHA JR, Dirley da. *Controle de constitucionalidade: teoria e prática*. 8. ed. Salvador: JusPodivm, 2016.

CUNHA, Guilherme Cardoso Antunes da; REIS, Maurício Martins. Por uma teoria dos precedentes obrigatórios conformada dialeticamente ao controle concreto de constitucionalidade. *Revista de Processo*, São Paulo, v.39, n.235, p.263-292, set. 2014.
DALLARI, Dalmo de Abreu. *Elementos de teoria geral do estado*. 32. ed. São Paulo: Saraiva, 2013.
DWORKIN, Ronald. *Levando os direitos a sério*. São Paulo: Martins Fontes, 2002.
FERREIRA, Pinto. *Princípios gerais do direito constitucional moderno*, Tomo I. 4. ed. São Paulo: Saraiva, 1962.
GRONDIN, Jean. *Introdução à Hermenêutica Filosófica*. São Leopoldo: Unisinos, 1999.
HESSE, Konrad. *A força normativa da Constituição*. Porto Alegre: Fabris, 1991.
HORTA, Raul Machado. *Normas centrais da Constituição Federal*. Ano. 34, n. 135. Brasília, jul./ste. 1997.
JOBIM, Marco Félix. *Medidas estruturantes*: da Suprema Corte Estadunidense ao Supremo Tribunal Federal. Porto Alegre: Livraria do Advogado, 2013.
JOBIM, Marco Félix. *Teoria, história e processo*. Porto Alegre: Livraria do Advogado, 2016.
KELSEN, Hans. *Jurisdição constitucional*. São Paulo: Martins Fontes, 2003.
——. *Teoria pura do direito*. 6. ed. São Paulo: Martins Fontes, 1996.
LASSALLE, Ferdinand. *A essência da Constituição*. 5. ed. Rio de Janeiro: Lumen Juris, 2000, p. 17.
MARINONI, Luiz Guilherme. *Precedentes obrigatórios*. 5. ed. São Paulo: Revista dos Tribunais, 2017
MARTINS, Ives Gandra da Silva; MENDES, Gilmar Ferreira. *Controle concentrado de constitucionalidade: comentários à Lei n. 9.868, de 10-11-1999*. 3. ed. São Paulo: Saraiva, 2009.
MENDES, Gilmar Ferreira. *Argüição de descumprimento de preceito fundamental*: comentários à Lei n. 9.882, de 3-12-1999. 2. ed. São Paulo: Saraiva, 2011.
——. *Jurisdição constitucional*: o controle abstrato de normas no Brasil e na Alemanha. 3. ed. São Paulo: Saraiva, 1999.
——. *Jurisdição constitucional*: o controle abstrato de normas no Brasil e na Alemanha. 6. ed. São Paulo: Saraiva, 2014.
——; BRANCO, Paulo Gustavo Gonet. *Curso de direito constitucional*. 8. ed. São Paulo: Saraiva, 2013.
MIRANDA, Jorge. *Manual de direito constitucional*: Constituição e inconstitucionalidade. 3 ed. Coimbra: Coimbra Editora 1996.
MIRANDA, Jorge. *Teoria do estado e da Constituição*. 4. ed. Rio de Janeiro: Forense, 2015.
MOREIRA, José Carlos Barbosa. *Comentários ao Código de Processo Civil, vol. V*. 12ª ed. Rio de Janeiro: Forense, 2005.
MOTTA, Francisco José Borges. *Levando o Direito a Sério: Uma Crítica Hermenêutica ao Protagonismo Judicial*. Florianópolis: Conceito Editorial, 2010, p. 26.
MÜLLER, Friedrich. *Métodos de trabalho no Direito Constitucional*. 2.ed. São Paulo: Max Limonad, 2000.
——. *Quem é o povo: A questão fundamental da democracia*. São Paulo: Max Limonad, 1998.
NOVELINO, Marcelo. *Manual de Direito Constitucional*. 9. ed. São Paulo: Método, 2014.
PIOVESAN, Flávia Cristina. *Proteção judicial contra omissões legislativas*: Ação direta de inconstitucionalidade por omissão e mandado de injunção. 2. ed. São Paulo: Rev. dos Tribunais, 2003.
RIBEIRO, Darci Guimarães. Acesso aos tribunais como pretensão à tutela jurídica. In: *Da tutela jurisdicional às formas de tutela*. Porto Alegre: Livraria do Advogado, 2010.
——. *Da tutela jurisdicional às formas de tutela*. Porto Alegre: Livraria do Advogado, 2010.
——. *La pretensión procesual y la tutela judicial efectiva*: hacia una teoría procesal del derecho. Barcelona: J.M. Bosch Editor, 2004.
——; ANTUNES DA CUNHA, Guilherme. Tutelas de urgência: da estrutura escalonada às tutelas de urgência autônomas. In: *Controvérsias constitucionais atuais, n. 2*. Paulo Fayet, Geraldo Jobim e Marco Félix Jobim (organizadores). Porto Alegre: Livraria do Advogado Editora, 2015, p. 75-104.
——; SCALABRIN, Felipe. O papel do processo na construção da democracia: para uma nova definição de democracia participativa. In: *Revista da Ajuris*. Ano 36. n. 114. jun. 2009.

SANTANNA, Gustavo da Silva. *Direito administrativo: série objetiva*. Porto Alegre: Verbo Jurídico, 2015.
SANTANNA, Gustavo da Silva. *Administração Pública em Juízo*. Porto Alegre: Verbo Jurídico, 2013.
——; SCALABRIN, Felipe. Cabimento da ação direta de inconstitucionalidade em face de lei municipal que afronta norma de reprodução obrigatória e o exemplo do Município de Alvorada. *Boletim Governet de Administração Pública e Gestão Municipal*, v. 68, p. 613-618, 2017.
SARLET, Ingo Wolfgang. *A eficácia dos direitos fundamentais*. 8ª ed. Porto Alegre: Livraria do Advogado, 2007.
SCALABRIN, Felipe. As Deficiências da Teoria da Argumentação Jurídica uma análise da recepção da hermenêutica filosófica no Direito. *Revista Crítica do Direito*, v. 66, p. 62, 2015.
——. *Causa de pedir e atuação do Supremo Tribunal Federal*. Porto Alegre: Verbo Jurídico, 2013.
SCHMITT, Carl. *Teoría de La Constitución*. Madrid: Alianza Editorial, 2003, p. 47.
SILVA, José Afonso da. *Aplicabilidade das normas constitucionais*. 8. ed. São Paulo: Malheiros, 2012.
——. Defesa da Constituição e Mudança Constitucional. In: *Poder constituinte e poder popular: estudos sobre a Constituição*. São Paulo: Malheiros, 2007.
——. *Curso de direito constitucional positivo*. 24. ed. São Paulo: Malheiros, 2005.
——. *Teoria do conhecimento constitucional*. São Paulo: Malheiros, 2014.
STRECK, Lenio Luiz. Aplicar a "letra da lei" é uma atitude positivista? *Revista Novos Estudos Jurídicos (NEJ)*, vol. 15, n. 1, p. 158-173, jan./abr., 2010.
——. Constituição e hermenêutica em países periféricos. In: OLIVEIRA NETO, Francisco José Rodrigues de. et. al. (org.). *Constituição e Estado Social*: os obstáculos à concretização da Constituição. São Paulo: Revista dos Tribunais, 2008, p. 212-213.
——. *Hermenêutica jurídica e(m) crise*: uma exploração hermenêutica da construção do direito. 8.ed. Porto Alegre: Livraria do Advogado, 2009, p. 220.
——. Hermenêutica jurídica nos 20 anos da Constituição: condições e possibilidades para a obtenção de respostas corretas. In: *Constituição, Sistemas Sociais e Hermenêutica*. v. 5. Porto Alegre: Livraria do Advogado, 2009
——. *Jurisdição constitucional e hermenêutica*: uma nova crítica do direito. Porto Alegre: Livraria do Advogado Editora, 2002.
——. *Jurisdição constitucional e decisão jurídica*. 3. ed. São Paulo: Revista dos Tribunais, 2013.
——. *O que é isto – decido conforme a minha consciência?* Porto Alegre: Livraria do Advogado editora, 2010.
——. Súmulas, vaguezas e ambigüidades: necessitamos de uma "teoria geral dos precedentes"? *Direitos Fundamentais & Justiça*, Porto Alegre, v.2, n.5, p. 162-185, out./dez. 2008.
——. *Verdade e consenso*: Constituição, hermenêutica e teorias discursivas da possibilidade à necessidade de respostas corretas em direito. 3.ed. Rio de Janeiro: Editora Lumen Juris, 2010.
——. *Verdade e consenso*: Constituição, hermenêutica e teorias discursivas. 4. ed. São Paulo: Saraiva, 2011.
——; MORAIS José Luis Bolzan de. *Ciência Política e Teoria do Estado*. 5ª ed. Porto Alegre: Livraria do Advogado, 2006.
TEMER, Michel. *Elementos de direito constitucional*. 24. ed. São Paulo: Malheiros 2012.
TUCCI, José Rogério Cruz e. *Precedente judicial como fonte do direito*. São Paulo: Revista dos Tribunais, 2004.
ZAVASCKI, Teori Albino. *Eficácia das sentenças na jurisdição constitucional*. 3. ed. São Paulo: Revista dos Tribunais, 2014.